5,20

JOURS DE KABYLIE

DU MÊME AUTEUR

MOULOUD FERAOUN

Jours de Kabylie

Dessins de Brouty

ÉDITIONS DU SEUIL
27, rue Jacob, Paris VIe

De cet ouvrage, il a été tiré 25 exemplaires sur offset supérieur Zuber, sous étui, contenant un dessin original de Charles Brouty et une suite des illustrations, numérotés de I à XXV; 55 exemplaires sur vélin Cellunaf numérotés de XXVI à LXXX; 1 500 exemplaires sur Bouffant Gothic numérotés de 1 à 1 500. Ces 1 500 exemplaires constituent l'édition originale.

Il a été tiré, en outre, 15 exemplaires sur offset supérieur Zuber numérotés H. C. 1 à H. C. 15, 25 exemplaires sur vélin Cellunaf numérotés H. C. 16 à H. C. 40, 200 exemplaires sur Bouffant Gothic marqués H. C.

ISBN 2-02-001101-8

A

Emmanuel ROBLES, notre ami.

M. F. et Ch. B.

I

MON VILLAGE

MON VILLAGE

JE ne suis pas de ceux qui détestent leur village. J'ai
pourtant bien des raisons de ne pas en être trop fier.
Il sait que j'ai voyagé et vécu longtemps ailleurs, mais
il s'est habitué à mes retours. Alors, à force de toujours
me perdre et de sans cesse me retrouver, il ne fait plus
attention à moi. Il ne me craint pas, pour tout dire. Il me
réserve chaque fois un accueil très simple avec son visage
de tous les jours, exactement comme il reçoit ceux de ses
enfants qui l'ont quitté le matin et qui, le soir, rentrent des
champs. Cette marque de confiance est touchante, je
l'apprécie beaucoup.

    Ceux qui y reviennent et en disent du mal, le font
un peu par dépit. Ils lui en veulent d'être si laid, et, sans
doute, les comprend-il puisqu'à leurs yeux il se fait plus
laid lorsqu'ils reviennent de loin, après une longue absence,
la tête encore toute farcie de belles images. Dans le
fond, ils l'aiment bien, quoi qu'ils disent. Ils finissent
toujours par le voir tel qu'il est et par lui trouver des char-
mes, mais, à partir de ce moment, ils s'identifient à lui. Ce

ne sont plus des nouveaux. D'autres les trouvent laids qui, à leur tour, ne tarderont pas à ressembler à tout le monde. Spectateur immuable du va-et-vient continuel de ses enfants qui émigrent, notre village nargue les prétentions impatientes et fatigue les longues espérances, il reste égal à lui-même.

S'il accueille sévèrement les nouveaux débarqués, c'est qu'ils apportent avec eux l'air malsain de la ville. Je crois le deviner mais il ne peut pas m'en savoir gré, car il se figure que tout le monde le devine et qu'on fait exprès de le mépriser. C'est ce qui explique son excessive susceptibilité. Il semble dire à chacun de ses enfants prodigues :

— Ne fais pas le faraud, mon petit, avec ton beau costume et ta valise. N'oublie pas que ce costume perdra bientôt ses plis. Je m'en charge. Il sera taché d'huile, couvert de poussières invisibles qui lui enlèveront son éclat. J'y mettrai des mites, moi. Et un jour qui n'est pas lointain, tu le sortiras pour le porter au champ quand tu iras défricher. Et alors, tu vois ce qui l'attend ! La valise ? Parlons-en ! Je sais où elle ira, cette valise. Sur l'akoufi de la soupente, n'est-ce pas ? — Je suis tranquille. Elle aura le temps de s'enfumer. Tu la sortiras un jour pour t'en aller de nouveau. Elle te couvrira de ridicule dans le train et sur le bateau.

Lorsque les gens qui arrivent tout droit de Paris descendent du taxi qu'ils ont loué pour éblouir les femmes, toutes les portes de toutes les maisons s'entr'ouvrent et les regardent passer. C'est comme si le village avait des centaines d'yeux ou s'il était transformé, lui-même, en un œil gigantesque qui vous lorgne narquoisement de ses mille facettes.

— Mes ruelles, vous les trouvez étroites et sales ? Je n'ai pas besoin de m'en cacher. Je vous ai vus tout petits et bien contents d'y barboter comme des canetons malpropres. Passez ! Là, c'est votre djemaâ. Bien entendu, elle vous semble grotesque et vaine. Ce n'est pas la place de l'Etoile ! Savez-vous comment je vous imagine place de l'Etoile ? A peu près comme vous voyez ce petit chat craintif quand il traverse votre djemaâ remplie de garnements. Votre gourbi est trop petit ? Vous oubliez qu'il est à vous, plein de toutes les présences passées, plein de votre nom, de vos

anciens espoirs, témoin de vos rêves naïfs, de votre bêtise, de vos souffrances. Soyez modestes, voyons ! Vous serez très bien ici, vous verrez, c'est moi qui vous le dis...

Eh bien ! de tels discours ne me concernent jamais. Non qu'il me tienne en particulière estime ou qu'il me juge différent des autres. Simplement parce qu'il en a assez de me narguer, à force de me revoir. Même si, par extraordinaire, il lui prenait la fantaisie de lire du mépris dans mon regard, il ne ferait que hausser les épaules. Si l'on peut dire.

— Ah ! c'est toi encore ? Pas tant de façons, va ! Tu ne me déranges pas... Rentre chez toi en vitesse. C'est au bout, là-bas, le quartier des Aït-Flane, la ruelle la plus longue, la plus étroite, celle où les maisons ressemblent à des cages aux barreaux de bois parce que chacun a tenu à

s'isoler derrière une cloison de piquets. Je sais que tu n'es pas fier. Tu peux lorgner mon agoudou (1) et constater qu'il a raisonnablement grossi. Tu verras aussi la murette qui protégeait la maison de votre vieille voisine : elle s'est effondrée l'hiver dernier mais on l'a rafistolée à l'aide de roseaux... Ne t'inquiète pas, il y a encore assez de boue dans les rues pour maculer tes chaussures cirées et même le bas de ton pantalon. Pas seulement de la boue, d'ailleurs. Quand tu viendras t'asseoir sur les dalles de la djemaâ...

Il me murmure ces petites méchancetés d'un ton si amical qu'il réussit chaque fois à me troubler. Alors il se tait sur un bout de phrase et me laisse tranquille. Mais mon trouble, je le lui cache et je lui dis avec malice :

— Tu radotes, vieux père ! J'ai bien remarqué que tu te modernises. Cette route arrive au cimetière, on l'a retouchée aussi. Ce n'est pas mal. Elle est de bonne largeur et caillassée. Tu en es un peu fier, avoue-le. Voilà un garage qui n'existait pas l'an dernier. Et à côté, il y a un pressoir à huile, ainsi qu'un moulin à grain avec son bruit de moto-cyclette. On m'a parlé encore d'une boulangerie ayant pétrin mécanique. Tu te motorises à présent, tu prends de l'allure ! Ce sont les ordures qui te tracassent ? Au fond, il y en a partout, des ordures. En ville plus qu'ici. Là-bas, c'est caché. On ne voit rien mais cela empeste davantage. L'air y est malsain, c'est la vérité. Console-toi, vieux père !

(1) Agoudou : dépotoir public où les ménagères viennent jeter les ordures.

Nos efforts ne pourront jamais changer tout à fait ton visage. Nous l'enlaidissons, peut-être, par nos tentatives et nos imitations. Tu as la couleur de la terre, tu es fait de terre. La terre est saine, modeste et pure comme une paysanne pauvre mais de bonne naissance. Pour te donner un autre visage, il faudrait te raser, te supprimer, transporter tes cendres ailleurs et essayer de rebâtir sur ces cendres. En fait, tu cesserais d'exister et nous de t'aimer.

Alors pourquoi te fâcher et nous mal accueillir ? Y a-t-il meilleure preuve d'attachement filial que nos retours entêtés ? Tu doutes que nous tenions à toi ? Mettons que nous sommes liés à toi et toi à nous, solidement, et que nous ne pouvons nous renier.

Ceux qui t'oublient — tu ne l'ignores pas — ne peuvent faire autrement que de t'oublier ; ils sont dans leurs meilleurs jours, c'est pardonnable, après tout. Ils en arrivent à douter de ton existence et ce doute leur fait du bien. Si tu voyais leur aisance en pleine civilisation, tu t'effacerais timidement, tu voudrais te cacher sous terre. Ils te font honneur !

Viennent les moments difficiles : les dettes, la maladie, la misère, la vieillesse — on ne peut tout prévoir — et ils se disent, ces braves gens, que l'heure du retour a peut-être sonné. Ils se retrouvent une mémoire excellente pour tout ce qui te touche. Leur cœur s'attendrit. Et, du moment qu'ils ont besoin de toi, ils se remettent à t'aimer. Puis, un beau soir, ils débarquent pour reprendre la place que tu leur as fidèlement réservée. Souvent, d'ailleurs, cette place n'est qu'un trou oblong, là-bas, au terme du voyage ; là où aboutit la route carrossable et où nous finirons tous un jour. Une petite tombe qui se confondra avec toutes les autres parce qu'elle ne portera aucune inscription et que, dès le premier printemps, elle se couvrira aussi de graminées toutes frêles et de pâquerettes toutes blanches.

II

LA DJEMAA

DES

AÏT-FLANE

LA DJEMAA DES AÏT-FLANE

LA djemaâ est aux hommes. A tous les hommes. Un bien inaliénable. Le plus souvent elle ne paie pas de mine, mais elle n'en a cure. Le nom lui suffit. Et, du moment qu'on l'appelle djemaâ, elle a beau se trouver à l'entrée, au milieu, dans un coin quelconque, ne disposer que de grossiers trottoirs, se confondre avec la rue, cela ne peut la diminuer. Elle a son histoire, son importance, sa clientèle.

Les gens du quartier d'en haut ont leur djemaâ — Tajemaït-ou-fella, — ceux d'en bas ont la leur — Tajemaït-bouada. — Le quartier intermédiaire dispose de la sienne qu'il appelle n'importe comment. En définitive, il y a donc notre djemaâ, votre djemaâ et leur djemaâ. C'est toujours ainsi.

21

Bien entendu, notre djemaâ est la meilleure. Je dédaigne un peu les autres, n'en doutez pas. C'est une question de principe. Il faut tenir à ce que l'on a !

Les hommes ont leurs maisons et leurs champs, mais comme cela ne suffit pas, ils ont tous une djemaâ. Alors, ils sont comblés. La djemaâ n'appartient pas au quartier. Chacun se figure la posséder tout seul. Quand quelqu'un dit « notre djemaâ », il pense « ma djemaâ ». Et cette pensée le console de sa maison trop petite, de sa courette étroite. Il s'assied nonchalamment sur les dalles, il s'allonge, il fait la sieste, il bavarde. Des gens de sa karouba prennent place auprès de lui. Les bancs sont vastes pour les désœuvrés. On n'a pas besoin de se serrer. Si, par hasard, un jour de fête par exemple, ces bancs s'emplissent, eh bien ! on est content de la compagnie : c'est réconfortant pour la vue. A supposer qu'il y ait, dans l'assistance, des ennemis, des gens qui s'en veulent, ils évitent de se toucher, voilà tout. La djemaâ est à tout le monde en général et à chacun en particulier.

On peut voir, au pied du banc le plus large, un gros galet de grès rouge, à moitié enseveli. Ce grès a été amené de la rivière sur des épaules anonymes. Je l'ai trouvé là en venant au monde. Il y est encore. Les fellahs viennent y aiguiser leurs hachettes, les écoliers y frottent leurs crayons et les bergers leurs couteaux usés.

Elle est à moi, cette meule rustique. Je l'ai revue, il n'y a pas bien longtemps. Elle avait l'air de m'attendre et je lui ai lancé, en passant, le regard du propriétaire. J'aurais voulu m'accroupir auprès d'elle : j'avais justement mon greffoir. Pourquoi n'y a-t-il eu que cette pierre pour m'accueillir ainsi ? J'ai oublié de dire que les bancs ont été remis à neuf, les dalles déplacées, la djemaâ embellie. Ce n'était plus la même. J'étais là comme un invité. Mais le grès rouge n'a pas bougé, lui. Nous nous sommes retrouvés tout de suite.

L'image de l'ancienne djemaâ, je l'ai gardée intacte. Elle ne diffère pas tellement de celle qu'on peut voir à présent. Mais c'est mon image que je préfère. C'est bien naturel après tout. Autrefois, il n'y avait qu'un seul banc couvert. C'était la place d'honneur qu'affectionnaient particulièrement l'amin et l'usurier, personnalités de première importance, toutes deux de notre karouba. L'amin, on lui cédait volontiers la place. Il était diplomate et les gens du quartier étaient fiers de lui. Il méritait les égards. C'était admis. Quant à l'autre, on reconnaissait ses débiteurs à l'empressement qu'ils montraient lorsqu'ils le voyaient venir. Il était gros et lourd. Quand il s'asseyait, il occupait toute la dalle. Puis il fallait s'écarter un peu parce qu'il n'aimait pas les contacts. Seulement, comme on n'était jamais sûr de se passer de ses services, on ne lui montrait pas trop qu'on le détestait et on faisait mine de s'intéresser à ce qu'il disait. C'était d'ailleurs un malin qui connaissait bien les gens et devinait leurs secrètes pensées. Quand ses débiteurs jouaient avec lui sur les damiers creusés dans les dalles, ils perdaient régulièrement par politesse et lui triomphait ironiquement en ayant l'air de dire : « Oui, tu fais bien de perdre. »

A part l'amin et l'usurier, les gens du quartier n'avaient pas de préférence pour les bancs. Ils prenaient place au hasard. Il y avait pourtant le banc du vieil Oussada. Oussada était aveugle et aimait ce banc, on ne sait pourquoi. A force d'y trouver tout le temps le vieillard, les gens se mirent à dire : « le banc d'Oussada ». Et depuis, le nom est resté. J'ai connu ce bonhomme très vaguement, mais les jeunes générations qui ne l'ont jamais vu continuent à dire : « le banc d'Oussada », sans curiosité ni malice.

Je dois confesser que je n'ai pas de relations suivies avec notre tajemaït. J'ai pensé que ce seul fait pouvait autoriser mon indifférence à son égard et expliquait en tout cas ma préférence instinctive pour ce qu'elle fut dans mon jeune âge. Eh bien ! je me suis trompé. Notre djemaâ a

réellement changé. J'avais raison d'en être déçu. Tout cela
m'a été expliqué un jour par le vétéran du quartier. Il n'était
pas content, le vétéran. Il a compris du premier coup que
j'étais disposé à l'écouter. Je l'ai trouvé en train de pour-
chasser des gamins qui criaillaient et sautaient d'un banc
à l'autre pendant qu'il donnait de grands coups sur les
dalles.

    — Essaie de nous toucher, méchant Hemadouche,
lui lança le plus hardi.

    Ils s'envolèrent comme des moineaux et il se tourna
vers moi :

    — Tu vois ! Ils ne craignent personne. Ils sont les
maîtres.

    — Ne te fâche pas, baba Hemed. La djemaâ est pour
tout le monde et les enfants aiment s'amuser.

    — Oui, c'est vrai. Je suis ridicule. On les laisse
faire. Personne n'élève plus les enfants. Ils commandent au
père, à la mère, à l'école aussi. Je me tracasse, c'est bien
inutile. La nostalgie du passé, peut-être. Les bambins se
moquent de moi, les jeunes gens me méprisent. Je ne les
aime pas, moi non plus. Tant que je vivrai, je leur mènerai
la vie dure.

24

— Dans le temps c'était bien mieux.

— A qui la faute ? Oh ! ils n'ont pas tort, eux. Nous, les hommes, nous sommes fautifs. Ce laisser-aller, crois-tu qu'il choque ? On fait semblant de ne rien voir. Les leçons de nos pères, nous les avons oubliées.

— Les temps changent aussi.

— Ils changent parce que nous laissons faire. Je sais, moi, que la djemaâ est à tout le monde. A tous les hommes. Mais il n'y a plus d'hommes. Alors, il n'y aura plus de djemaâ.

— C'est logique.

— Logique ? On vient à la djemaâ pour se comporter en homme, tenir un langage d'homme, regarder les autres en face : son frère, son ami, son ennemi. On y vient écouter les vieux ou enseigner les jeunes. On y vient pour se montrer, pour ne pas céder sa place sur la dalle. Rien n'est plus beau qu'une djemaâ pleine comme une grande famille unie, décidée et forte. Autrefois c'était cela la djemaâ. Et lorsque ceux d'en face envoyaient leur mouchard pour jeter un regard, nous lui disions « sois le bienvenu » pour marquer qu'il n'était pas chez lui. Il se faisait tout petit, restait un moment par politesse et s'en retournait le cœur malade. La djemaâ, c'est l'honneur de la karouba. Le lieu des paroles pesées et des actes virils.

— Tu sais, baba Hemed, mon premier geste viril, c'est à la djemaâ que je l'ai accompli.

— Ah ! tu vois.

— Oui, oui, j'avais deux ans. J'y étais venu sur les bras de mon père. Il y avait Moh-Saïd — Dieu ait son âme — qui taillait la barbe à quelqu'un. Comme je pleurais, il me tendit une paire de ciseaux pour me distraire.

— Eh bien ?

— Eh bien ! les ciseaux sont à la maison. Il y a de cela trente-cinq ans. Je ne voulais pas les rendre, puis il oublia de les réclamer. L'histoire, je la tiens de mon père.

— Tu veux plaisanter, quoi. Je comprends. Non, autrefois on ne chassait pas les gosses. Ce sont des hommes, bien sûr. Mais ils s'asseyaient sagement à côté des grands pour écouter et le spectacle était encourageant pour les pères. Autrement, ils allaient vers le cimetière ou le mechmel pour se démolir les tibias à leur aise. Ils savaient que la djemaâ était aux gens sérieux. Tu ne vas pas me dire que de ces choses-là, tu ne t'en souviens pas, toi !

Je m'en souviens évidemment. J'étais un petit bout d'homme fort sage, un bout d'homme qui restait des heures entre deux grands diables quelconques à écouter parler. Je ne manquais pas les moments d'affluence et nous étions un certain nombre qui délaissions nos jeux pour aller entendre les hommes. Nous avions onze, douze, treize ans. C'était le soir généralement que la djemaâ s'emplissait. Les fellahs revenus des champs venaient y terminer leur journée, laissant la maison aux femmes pour leur permettre de préparer le repas. La détente durait jusqu'à la nuit et se prolongeait encore lorsqu'il y avait clair de lune. Tout ce que j'ai pu accumuler de connaissances, en écoutant parler les hommes, est absolument inconcevable. De vagues notions de géographie aidant, j'ai pérégriné de bonne heure à travers l'Europe et ailleurs : Paris, le Nord, le Midi, l'Est, l'Ouest, l'Allemagne, l'Angleterre, l'Amérique. Il fallait y aller, suivre le narrateur dans la mine, à l'usine, en prison, dans le camp d'internés, chez les paysans, au meeting, au bistro, à la foire, à la bagarre, chez les filles. Il fallait l'accompagner à l'étranger, à la caserne, à la bataille, au front comme le héros de quelque impossible roman, un superbe sidi qui se tire toujours d'affaire et ne craint ni le danger, ni l'invraisemblance, ni le mensonge. Puis il était question aussi des choses de chez nous, plus connues sans doute mais édifiantes pour les jeunes.

Nos parents n'avaient aucun doute sur la valeur de l'enseignement que les enfants pouvaient tirer des sages séances à la djemaâ. C'était très profitable, en effet. On écoutait tout avec avidité, on croyait tout, on finissait par tout savoir. Nos imaginations d'enfants pouvaient vagabonder à leur aise dans maints univers imprécis et nous songions à nos plausibles avenirs avec le sérieux des grandes per-

sonnes. La dalle était plus dure que le coton. Les leçons que nous y recevions étaient de rudes leçons, et toutes crues aussi. A côté de cela, les causeries morales du maître d'école étaient pâles comme l'eau de rose. Nous les aimions, bien sûr. Cependant elles impressionnaient moins.

Parfois — bien souvent, je veux dire — pour un motif que nous ne saisissions pas toujours, deux solides gaillards descendaient de leurs banquettes et s'expliquaient dans l'arène. Instants palpitants pour les gosses qui, secrètement, prenaient parti. Les lutteurs avaient le temps d'échanger quelques horions avant que tout le monde se levât pour les séparer. On y parvenait en général, mais il arrivait que la bagarre se généralisât et les choses se compliquaient. Les garçons ne bougeaient jamais : c'était amusant ; ils regardaient. Quand l'affaire les intéressait, les plus hardis se montraient à la hauteur des circonstances et lançaient un gros caillou dans le tas. Puis tout se terminait ; les belligérants étaient escortés chez eux et, de nouveau, les bancs s'emplissaient de gens calmes.

La physionomie d'une djemaâ calme est une physionomie respectable. D'ordinaire, les hommes s'assoient sur les dalles, le dos appuyé au mur, les genoux devant la poitrine, les jambes et les pieds cachés sous le burnous. On est là, dans cette attitude ramassée, comme prisonnier d'une foule de préjugés auxquels on tient par-dessus tout, car la tête reste éveillée, les yeux pétillent de malice. Les souliers sagement alignés par paires au pied des bancs proclament ce désir de repos et d'entente fraternelle qui a poussé les fellahs fatigués hors de chez eux pour venir peupler la djemaâ. A la moindre alerte, les burnous s'ouvrent, les jambes se détendent, les souliers s'envolent et le jeu commence.

A franchement parler, baba Hemed peut regretter sa djemaâ et moi avec lui. Les jeunes ont changé d'avis. Ils ont décidé de conquérir toutes les djemaâs du village. Et, les ayant conquises, de les diminuer toutes, de les prendre à la légère, de se moquer des principes.

— Ce vieux hibou nous en veut parce qu'il a deux

31

filles et que les copains d'en face viennent nous attendre ici. Il croit qu'ils nous suivent pour ses filles. Nous allons bien là-bas. Et toutes leurs filles, nous les voyons ! Bien sûr que cela ne leur fait pas plaisir, non plus, de l'autre côté. Mais si on s'occupait de faire plaisir aux vieux, ce serait joli. Nous savons bien ce qu'ils regrettent. Eh oui ! Il leur faudrait des çofs, de la politique, beaucoup de jalousie et de haine. Ils sont pourris de haine, tous ces vieux. Il n'y a qu'à voir ce qu'ils ont fait. La charrue ! Pas plus. Le premier a inventé la charrue en bois. Et depuis, c'est toujours la même. Alors, ils n'ont qu'à se taire. Nous, la djemaâ, on s'en moque. Il y a le café. Quand on vient ici, c'est pour un moment, histoire de les faire râler. A bas la sauvagerie des anciens entre enfants d'un même village ! A bas le protocole !

Je veux bien. Je tiens à mes souvenirs, mais la jeunesse tient à ses idées et c'est la jeunesse qui changera le monde.

La semaine dernière, j'ai reçu une délégation de jeunes cousins venus pour me consulter.

— Voilà ! nous avons décidé de moderniser notre djemaâ.

— Encore !

— Encore, bien sûr. Nous comptons sur toi et tous nos jeunes aînés.

— Ah ! Et les vieux donc ?

— Les vieux ? Figure-toi qu'ils ne sont pas contents. C'est la mosquée qu'ils voudraient transformer. La mosquée de tout le village.

— Ils ont peut-être raison. Tout le village !

— Justement ! Ce n'est pas le village, c'est la karouba qui nous intéresse, nous les jeunes.

— Hé ! depuis quand ?

— Nous sommes les Aït-Flane ou non ? Tu sais que ceux d'en haut ont reconstruit la leur. C'est un point d'honneur, cousin. Fais attention. Les vieux nous ont lâchés, nous devons tenir le flambeau. Ceux de Paris ont envoyé 80.000 francs. Nous avons écrit aux amis de Lille

32

et d'Alsace. Chacun donne ce qu'il peut. Notre djemaâ doit rester la plus belle.

Ils sont repartis contents, avec la certitude que pour moi aussi la djemaâ de notre quartier comptait beaucoup. Puis je me suis dit que le mois prochain, lorsque j'irai la revoir, elle sera méconnaissable. Mais peut-être y trouverai-je encore ma meule rustique de grès rouge ?

III

LE FILS DE CHERIF

LE FILS DE CHERIF

Seigneur, vous m'avez fait puissant et solitaire,
Laissez-moi m'endormir du sommeil de la terre.

QUE la bénédiction de son aïeul soit sur nous !
Il faudrait dire ce qui en est, mais la chose
n'est pas simple. Les marabouts sont gens suscep-
tibles et on n'en parle jamais objectivement. Eux
n'y gagnent rien et ceux qui se piquent de les juger n'ont
pas la conscience tranquille : « Imprudent, de quoi te
mêles-tu... ? » Lorsque survient un malheur, l'imprudent en
question comprend fort bien son péché. Il essaie de se
racheter par une offrande. Le malheur est quand même
arrivé. Il ne lui reste plus qu'à se taire et à adorer.

C'est pourquoi nulle mauvaise intention ne viendra
entacher ce propos. Dieu m'en garde ! Les marabouts me

connaissent suffisamment. Ceux de chez nous, du moins. Je les appelle « sidi » tout comme un autre. Et quand j'embrasse leur tête, je sais très bien qu'ils n'embrasseront pas la mienne, qu'ils auront un petit geste de la main qui feindra de m'arrêter et qu'enfin ils redresseront le front en me disant avec un sourire satisfait :

— La baraka de mon grand-père est sur toi !

Pour ce qu'elle coûte, mieux vaut l'avoir, cette baraka. Mais notre légèreté la perd chaque fois aussi vite qu'on nous l'offre, de sorte qu'on n'est jamais sûr, en fin de compte, de l'appui du saint aïeul de nos fils de chérif. Pratiquement d'ailleurs ces fils eux-mêmes oublient leur illusoire privilège ; ils se comportent à peu près comme tout le monde, dans un village où chacun a plutôt besoin d'indulgence que de respect et où l'on n'admet, en réalité, aucune supériorité. Le marabout, on l'appelle « sidi » en considération de l'ancêtre, on embrasse sa tête ou plus simplement sa main et l'on est quitte envers lui. Il ne demande rien de plus. Sa femme, il faut l'appeler Lalla. Mais elle ne sort qu'une fois vieille. Et puis on ne l'embrasse pas, bien entendu.

Au village, il y a une seule famille de marabouts. Une famille fort nombreuse maintenant. Les marabouts sont là depuis toujours. Ils détiennent dans leurs parchemins toute l'histoire du village, croient-ils. De notre côté, nous supposons que ces parchemins n'existent pas ou qu'ils sont indéchiffrables. Nous pensons aussi que l'histoire racontée par des marabouts ne peut concerner des Kabyles. Il y est probablement question des anciens sidis — que leur bénédiction soit sur nous — et pas d'autre chose.

La baraka indiscutablement admise et hautement affirmée par la kouba toute blanche qui pointe son minaret au-dessus des maisons basses et minuscules, nous ne cherchons pas plus loin. Notre curiosité est satisfaite, et pourvu qu'il demeure bel et bien révolu, nous acceptons le passé. Car enfin ces braves gens qui vivent avec nous est-il possible de leur reconnaître quelque mérite spécial ? Nous sommes obligés de les voir tels qu'ils sont. La plupart du temps cela ne les rehausse guère. Ils n'ont rien à exiger ! Le cheikh s'en rend compte.

— Je comprends bien, me dit-il, votre argument favori, vous Kabyles, contre nous. C'est ceci : « Faites ce que je vous dis mais non ce que je fais. » Bien sûr. Le fellah ne voit pas plus loin. Il nous condamne, la conscience tranquille. Comme si nous étions tenus de toujours nous proposer en exemple. Non. Nous vous disons : « Faites ceci parce que c'est la loi, ne faites pas cela, c'est contraire à la loi. » Voilà ce que nous vous disons.

Et moi je lui réponds :

— Vous nous enseignez la loi. C'est très bien. Mais vous devriez lui obéir, vous les premiers. Or...

— Il ne suffit pas de connaître la loi pour lui obéir. Vous nous faites grief de ce que nous sommes des hommes comme vous. Non seulement vous nous en faites grief, mais vous niez la loi et vous nous en rendez responsables. Quand nous agissons mal, nous ne pouvons tout de même pas vous dire : « Faites ce que nous faisons. »

Les discussions de ce genre avec notre cheikh pourraient être interminables. Mais nous ne gardons jamais notre sérieux au delà d'un temps assez court et notre conversation s'achève sur des banalités.

J'ai beaucoup d'égards pour notre cheikh, quoiqu'il ait mon âge seulement. C'est vrai que l'âge n'a rien à y voir. Lorsque nous étions jeunes tous deux, nous n'imaginions pas que nous en arriverions là. Ce n'est que petit à petit qu'il a pris de l'ascendant. Il partageait nos jeux, se battait avec nous, allait à l'école primaire. Nous oubliions facilement que nos pères respectaient le sien et nous omettions de l'appeler « sidi ». Il apprenait l'arabe avec ses cousins, de bon matin ou le soir. Personne ne s'en apercevait, sauf quelquefois le maître qui lui disait en hochant la tête :

— On ne court pas deux lièvres à la fois : le français ou l'arabe, il faut choisir !

Un jour même, il m'en souvient, le maître fit allusion
à certains élèves de certaine école qui se comportaient
comme des perroquets : « Lire sans comprendre, c'est chasser
sans prendre. » Tout le monde fut manifestement de l'avis
du maître, y compris notre futur cheikh qui n'en continua
pas moins de chasser sans prendre.

La prise fut pour plus tard. Lorsque son père mourut
en odeur de sainteté, il laissa un message écrit de sa main,
dont lecture publique fut donnée au cimetière : « Au nom
du Dieu clément et miséricordieux, moi, votre cheikh qui
vous quitte pour entrer en son saint royaume et comparaître,
chétif mortel, devant son très puissant tribunal... je vous
salue et le supplie de vous accorder pardon et bénédiction... »
C'était très émouvant. Nous avions tous les larmes aux yeux.
Le message se termina par une éloquente exhortation aux
khouans, ses fidèles, d'avoir à lui reconnaître pour succes-
seur son fils inexpérimenté mais marqué du signe de Dieu.
Voilà comment nous eûmes un nouveau cheikh, il y a de
cela plusieurs années.

Pour nous qui l'avions connu, il ne changea pas du
jour au lendemain. Mais il y eut des circonstances où il
fallut lui réserver une place à part. La première : celle des
cheikhs. Aux enterrements, par exemple, les parents des
défunts étaient bien contents de le voir en tête du convoi,
tout vêtu de blanc, modulant de bon cœur sa sourate et
entraînant les marabouts étrangers.

Pour les mariages, c'était la même chose. Sa personne devait trancher dans le lot des invités. Il allait chez
tous. Les humbles lui en étaient reconnaissants et le trai-
taient à part, tout comme les riches. Mais les riches exigeaient
de lui d'interminables prières, tandis que les pauvres cher-
chaient à savoir s'il avait bien mangé et s'excusaient
timidement de leur mauvaise vaisselle.

Notre cheikh ne m'a pas fait de confidences. Je puis
avancer cependant qu'il dut être considérablement gêné au
début et qu'il ne se familiarisa que peu à peu avec son état.

40

Je me mets à sa place ! Maintenant cela va mieux, c'est visible. Il sait tenir à chacun le langage qui convient. Il sait prendre des attitudes. Les Kabyles ne le troublent plus.

Avec les vieux, il est fanatique à souhait : il n'y a rien à lui reprocher. Chaque soir, quand ils vont prier derrière lui à la kouba, ils se disent qu'il remplace en tout point le vénéré père — que sa baraka descende sur tous — et que pour ce qui était de la ferveur et l'entrain, on ne saurait trouver mieux dans la tribu.

Il est savant avec les vieilles qui viennent lui rendre visite, solliciter une recette, une médecine ou une amulette. Nous savons qu'il se fait payer. Mais quoi, c'est bien naturel. Elles ne s'en plaignent pas. Au contraire. A voir le respect dont elles l'entourent, on est bien obligé d'admettre qu'il est marqué du signe de Dieu, en effet. « Sa main est remède » disent nos vieilles.

Nous, les jeunes, nous sourions. Parfois nous le critiquons sévèrement, entre nous. Il arrive rarement qu'on le lui reproche en face parce que, avec nous aussi, il a sa façon de se tenir. Il discute, plaisante et rit. Autant dire un camarade. Par moments, il nous rappelle un peu l'ancien. Celui qui jouait avec nous à l'école. Et même on peut deviner que cela lui pèse d'être cheikh. Mais qu'y faire ? Il en prend son parti et se compose une mine. Juste au moment où des vieux viennent nous déranger. Un aphorisme bien senti agrémenté d'une phrase en arabe lui permet de ressaisir un pan de sa dignité, il s'en drape précipitamment et nous devenons sérieux à notre tour.

Il ne me cache pas son mépris pour les pratiques superstitieuses et même pour les méthodes éducatives en honneur dans les zaouias. Il n'a pas oublié les leçons de l'école primaire ; mais je peux dire aussi que, ces leçons, il se les rappelle uniquement au milieu de ses camarades. Les merveilles de l'arithmétique, la règle du participe, la rotation de la terre, c'est lumineux, entre nous. Faut-il pour cela nier devant les vieux khouans l'existence des sept cieux et reconnaître que la terre tourne ? Faut-il expliquer aux vieilles que les amulettes ne guérissent que les imaginations déréglées ou mettre en doute les multiples vertus des sourates ? Un cheikh doit se mettre à portée de chacun. C'est là que réside son mérite. Il faut comprendre.

Eh bien, moi, j'ai fini par comprendre. J'ai compris, comme cela, l'année où j'ai eu la fièvre. La fièvre, nous savons tous ce que c'est. Il y a les moustiques et il y a la quinine. Pas de discussion possible. Le cheikh est au courant. Il vient me voir à la maison. Je grelotte sous les couvertures.

— Tu as de la quinine ?

— Oui, oui.

— Ça ne passe pas ?

— Eh non, tu vois. Le troisième accès.

Il se tait un moment, un peu gêné, les yeux fixés sur moi. Puis il se décide et sort son matériel.

— Ecoute. Je crois que nous « touchons » la fièvre. Mon grand-père écrivait contre le paludisme, mon père l'a fait aussi. J'essaie à mon tour. Les gens disent que ça va. Ecoute, il faut tenter. Ne fais pas l'esprit fort. Au fond, les microbes, tout le reste, c'est bon quand on se porte bien. Mais quand on est malade, on se dit autre chose, n'est-ce pas ? On est là tout petit, tout faible entre les mains de Dieu. Et, en définitive, c'est lui qui guérit. Hein ? réfléchis une minute. La quinine, je ne dis pas le contraire. Quand même il faut essayer.

Oh ! il a été gentil, le cheikh ! Le moment était critique. Vous croyez qu'il ne m'a pas convaincu ? Erreur. J'ai pris toute sa médecine. Et quand j'ai été guéri, il a pris de l'ascendant sur moi. N'empêche que maintenant je tiens toujours pour la quinine. Mais il doit m'attendre au tournant : un de ces quatre matins je serai lâche de nouveau. Puis il viendra tout souriant...

Notre cheikh sait qu'il existe des moments où l'on a besoin de croire, où l'on devient naïf et tendre comme un enfant. Ce sont des moments importants à ses yeux, les

42

seuls où l'on retrouve Dieu. Et pour ceux qui en douteraient, il se donne en exemple en toute simplicité. Ses enfants sont bariolés d'amulettes, sa vache en porte une sur le front et un petit sachet au collier. Certes, les sceptiques y voient un geste de propagande. Ils ont raison dans une certaine mesure. Mais il est plus sage de leur laisser la responsabilité d'une telle accusation.

La kouba est l'asile du mystère et le domaine de notre cheikh. Entre l'inexplicable et nous, c'est sa frêle silhouette que nous plaçons parce que notre cheikh marmotte le coran et que le coran est incompréhensible. Les conjurations, les invocations, les prières, les injonctions, tout cela se fait en arabe, à coups de versets, nous intimide et nous émeut. Nous connaissons chaque fois son trouble et nous voyons qu'il a la foi.

Lorsque quelqu'un veut aller en France et vient s'assurer auparavant la baraka du chérif, il sait très bien que le cheikh n'est pas riche. Si, par conséquent, sa fatiha pouvait enrichir, que ne se sert-il lui-même ? Pourquoi l'aïeul réserverait-il à d'autres cette fortune qu'il refuse à son descendant ? Une telle pensée vient toujours. C'est l'esprit malin qui la chuchote. Il faut vite s'en débarrasser. Les desseins de Dieu sont impénétrables. Heureux les simples d'esprit car, peut-être, il leur sera donné ! Et les roublards se font bêtes. Et ils croient à la fatiha qu'ils emportent jalousement comme une ressource secrète, là-bas, au delà de la mer, au pays où se gagne le pain. Certains, pour plus de certitude, la concrétisent sous forme d'une petite amulette cousue dans un rectangle de maroquin écarlate qu'ils dissimulent parmi leurs papiers.

Et ainsi dans maintes circonstances !

Le cheikh donne sa fatiha avec un sérieux communicatif. Il faudrait être bien incrédule pour oser s'en moquer. Les pauvres ont besoin d'espérer, tout comme les malades. Les riches ont besoin d'être protégés et rassurés. C'est pourquoi une bonne fatiha est toujours bien accueillie. Pour

43

les malades, les gens disent qu'il *touche*. Pour les bénédictions, les plus sceptiques admettent qu'il peut *rencontrer la porte*, c'est-à-dire se faire entendre juste au moment béni où la communication est possible entre l'humain et le divin. Que l'incrédule hausse les épaules ! C'est qu'il n'a besoin de rien. Ceux qui ont les lèvres sèches ont toujours envie de boire. Ils ne cessent d'ouvrir la bouche. Quelquefois, ils reçoivent la fraîche rosée du ciel...

Il arrive qu'un vœu soit exaucé et qu'on vienne remercier le cheikh. La kouba retentit de you-you, les hommes offrent un mouton ou un bœuf, les khouans glorifient le saint aïeul et réclament la grande prière. Dans de telles circonstances, notre cheikh est méconnaissable. Le triomphe se lit sur son visage. Il semble planer au-dessus de tous, personne ne lui marchande le respect. Si, entre deux tâches, il s'accorde un instant de répit pour s'asseoir à la djemaâ, nous nous écartons vivement et lui laissons large la place, il nous remercie avec un sourire timide qui a de la peine à se dessiner, le sourire résigné de ceux qui doutent de leur force.

IV

TIMCHRET

TIMCHRET

CELA commence toujours de la même façon. Dame, puisque le résultat est toujours le même !

Il y a tout d'abord un songe. Ceux d'en haut prétendent que le songe vient d'en bas. Et ceux d'en bas l'attribuent à quelqu'un d'en haut. Surtout qu'on n'aille pas se livrer à une enquête car, à ce moment, le rêve peut quitter le village et aller se nicher narquoisement au village voisin.

— Oui, c'est bien vrai. Les gens de chez nous n'ont pas rêvé. Ce sont ceux d'en face. Mais, paraît-il, là-bas, il y a eu mieux qu'un rêve. Une chèvre s'est mise à parler. Subitement. Elle engage la tribu, la tribu entière, à égorger des bêtes. A bon entendeur...

— Ce n'est pas une chèvre, c'est un nouveau-né ! Ses premiers balbutiements étaient parfaitement intelligibles. Sa mère effrayée a tout de suite appelé un taleb. Une conversation édifiante. Que les gens se pressent !

47

— Incroyable ! Tu dis qu'un vieux barbu est venu le répéter à la djemaâ d'en haut ?

— Oui. Puis il ira ailleurs, dans d'autres villages. Nous ne sommes pas les seuls.

— Et ce barbu, tu le connais ? Tu l'as vu, n'est-ce pas ? Entendu ?

— Non. Je ne suis pas incrédule, moi. L'année est mauvaise, il faut comprendre. Il y a déjà la rougeole. Il y aura peut-être autre chose. En tout cas, nous sommes avertis. Nos tamens seront responsables devant Dieu du mal qui nous guette.

L'opinion se saisit de l'affaire. Bon gré, mal gré, il y a réunion du village pour une *timchret* purificatrice. A dire vrai, les femmes y sont pour beaucoup grâce à leur imagination fertile et aussi, disons-nous, parce qu'elles ont toujours été les messagères : de Dieu ou de Satan. Mais les hommes savent à quoi s'en tenir. C'est bon, on les achètera, ces bœufs, puisque tout le monde y tient. Inutile de semer la panique.

— Nous ne sommes pas dupes, disent les notables. Les rêves de vieilles superstitieuses ou leurs mensonges, les bébés qui ordonnent, les bêtes qui parlent, allons donc ! Mais, à tout prendre, l'année n'est pas bonne, en effet. Un sacrifice ne fait jamais de mal.

On recueille les fonds avec promptitude, on va au marché et on achète les bœufs. A ce moment, on s'aperçoit que les voisins n'ont eu ni songes, ni visions et qu'au contraire on les oblige à suivre l'exemple. Voilà qu'ils se servent de nous pour se convaincre. A leur tour, ils achètent des bœufs. Puis d'autres villages les imitent. C'est une contagion. Mais la contagion dépasse rarement la tribu. Que les autres se débrouillent ! L'essentiel est que nous chassions le mauvais sort de notre région. Bien sûr. Tant pis pour les imprudents qui lui donneront asile.

Quand les bœufs arrivent à la djemaâ, les enfants viennent les voir et les grandes personnes ne disent rien. Les gamins peuvent s'approcher, caresser les bêtes, leur tendre une brassée d'herbe. Ils peuvent rire, crier, gambader, les grands comprennent. Et s'ils affichent un air supérieur, un peu dédaigneux, dans le fond, ils partagent la joie des petits. Ils attendent avec la même impatience le bifteck du lendemain. Les femmes, elles aussi, passent du champ ou de la fontaine, imperturbables. Mais, quand elles rencontrent un enfant, elles lui disent d'un ton neutre :

— Vos bœufs sont à la djemaâ. Cours vite les voir. C'est pour demain. Il y en a un gros aux cornes tordues qui meugle d'une voix de tonnerre. Il fera l'affaire d'une grande karouba comme la nôtre. Mais c'est aux hommes à régler le partage. Les autres aussi ne sont pas mal. Vite enfants, à la djemaâ !

Il y a réunion, le lendemain, pour distribuer les corvées ; les hommes valides feront les bouchers, les gamins iront aux fougères et les notables viendront encourager, bavarder, importuner et parfois se faire rabrouer. Les gosses vont tout d'abord à l'abreuvoir, faire boire les bêtes. Puis, au retour, cha- que karouba se met au travail, en bordure de la grand'route, tout près du cimetière, après une fatiha du cheikh. Les bœufs sont répartis sur pied. Mais, le travail fini, les morceaux seront groupés par catégories et équitablement alignés sur un invraisemblable ruban de fougères.

Avant d'en arriver là, il s'écoule toute une journée, car les choses sont beaucoup plus simples à raconter qu'à réaliser.

Il faut dire qu'il n'y a pas de bouchers chez nous. Lorsque le fellah se mêle de débiter les quar- tiers de bœuf, il se livre à un car- nage sans pareil, à croire qu'il retrouve, au tréfonds de lui-même, l'instinct sanguinaire des premiers hommes. Il est en transe, ruisselant de sueur, barbouillé de rouge,

enduit de graisse, ses yeux brillent, il parle fort, donne de grands coups de hache, tranche au coutelas en serrant les dents. Il ricane, plaisante, se met en colère. Un vent de victoire souffle sur la place, une odeur de charnier excite les narines, on palpe les morceaux avec gourmandise. On voudrait les palper tous. Les enfants passent d'un groupe à l'autre, essaient de chiper les vessies pour en faire des ballons, tripotent les bas morceaux, les peaux toutes chaudes, s'acharnent contre les chiens qu'ils pourchassent à grands coups de cornes. Le temps passe. Malgré cette ardeur indisciplinée, on termine tard et on livre, à la répartition, de la chair déchiquetée, hachée, massacrée au grand désespoir des tamens (1) qui sont là pour le coup d'œil. Les tas se forment petit à petit.

— Attention ! Dépose le bout de foie par ici.
— Attention ! ce tas n'a pas son compte.
— Eh ! voilà deux fois que tu favorises cette part.

L'heure des discussions interminables a sonné, et les notables se livrent à une arithmétique compliquée qui a la vertu de provoquer chaque fois mille chamailles. Une tradition absolument immuable exige que les parts représentent chacune vingt unités. On sait, par exemple, que le village se compose de cent parts et que, grosso modo, les quatre karoubas recevront chacune de vingt à trente tas. Jusqu'ici c'est simple. Sur l'interminable ruban de fougères, après une nouvelle fatiha du cheikh, on délimite les tronçons des différentes karoubas. Non à l'aveuglette. Les notables tirent au sort. Toute leur vigilance n'empêche pas que les parts soient parfois différentes. Alors ils ne s'inclinent que devant le hasard. C'est à lui, le cas échéant, de favoriser l'une ou l'autre des karoubas. Coup de chance ! Chaque tamen ayant eu son morceau de ruban, il lui reste à s'entendre avec les siens. C'est là que les complications apparaissent malgré toutes les prévisions, malgré l'expérience, en dépit de tous les raisonnements subtils.

Quand on est groupé tous là, par karouba, on sait que la bonne marche de l'opération exige de la discipline

_____
(1) Tamen : notable ; responsable de karouba.

50

et de l'ordre. L'intention est de bien se tenir, oui. Mais il faut
veiller aussi. Alors tout le monde veille. A tel point qu'on
oublie de se bien tenir et, avec les remarques, les mises en
garde, les conseils, les ordres que chacun s'empresse de
donner, ce sont les cris qui commencent et bientôt la pagaille.
Dans un sens, c'est compréhensible. Quand on achète de la
viande au marché, on choisit son chapelet selon sa bourse,
on paie et l'on s'en va sans se soucier du voisin. Ici, on sait
que le voisin a autant de droits que vous. Autant, mais pas
plus. On ne demande que son dû. Mais tout son dû. On ne
fait grâce ni d'un os, ni d'un tendon. On ne coupe pas le
cheveu en quatre, mais le morceau de viande en dix. On
défend son bifteck. Pour une fois que l'occasion s'en présente, on a bien raison, pardi !

Dès le matin, crayon en main, le notable a fait son
compte. Il a sa liste. Sur cette liste sont groupés par vingt
les membres de son quartier. A la tête de chaque vingtaine
s'inscrit le responsable. Bon. Il appelle les responsables. Les
pailles désignent les tas respectifs. Si chaque famille se
composait de vingt personnes, les choses iraient toutes
seules. Mais, tenez, nous sommes sept, nous. On nous a
collé un cousin qui prend pour cinq, un autre pour quatre,
un troisième pour trois et une vieille tante toute seule. De
multiples solutions se présentent au responsable.

— Ce n'est pas compliqué, dit-il, je ferai vingt tas,
comme ça...

— Tu es fou ? Tu vas amenuiser les morceaux. Partage en cinq.

— Tu seras tranquille, toi, avec tes quatre personnes.

— Quatre tas de cinq chacun, voilà mon avis. Ce
serait bien.

— Pour tes cinq personnes. Servi sans histoires.

— Alors ?

— Alors, je fais deux parts : quatre et cinq neuf et
un dix. Puis sept et trois dix.

— Tu crois que c'est plus simple ?

Ensuite les quatre, cinq et un s'arrangent comme ils
peuvent et les sept et trois aussi.

Quand les gens sont là, on finit quand même par s'entendre. Parfois le responsable doit s'occuper des absents, de ceux qui n'ont délégué personne au partage. Et il arrive qu'on saute un pauvre diable, une malheureuse vieille que tout le monde oublie. Lorsqu'elle est fatiguée d'attendre son morceau et qu'il fait presque nuit, elle se décide à réclamer en pleurnichant. Cela gâte la soirée au notable car, il va de soi, on ne la renvoie pas les mains vides. Si l'on a affaire à quelqu'un qui vient vous jeter ce que vous lui avez envoyé, sous prétexte qu'il est lésé, c'est encore plus désagréable. Il faut que le notable s'arme de patience et de douceur. Quand il réussit à calmer, il peut se dire que la journée est bien remplie. C'est la pure vérité d'ailleurs : il fait nuit.

Une nuit de fête, dans toutes les demeures. La famille s'assemble autour du foyer sur lequel trône la marmite des grands jours. On hume la bonne odeur du bouillon, les enfants bavardent et se taquinent en attendant le souper, le père et la mère commentent l'événement, sous la pâle lumière de la petite lampe à pétrole qui envoie son filet de fumée se mélanger sur le kes-kes au panache de vapeur traversant le couscous. On adresse une pensée affectueuse à l'absent qui est en France, à la fille mariée qu'on ira voir demain et on sait que les morts seront servis par l'intermédiaire du chemineau qui, tout à l'heure, par les interstices, demandera « celle de Dieu ».

Timchret est dévorée en un repas. Le lendemain, il n'est plus question de rêves ni de sacrifices ou de menaces divines. L'existence reprend son cours normal, mais il reste aux notables à récupérer l'argent qu'ils ont avancé pour les pauvres de leur karouba. C'est leur affaire, évidemment. En général ils savent s'y prendre. Ils y mettent de la patience — bien sûr, là aussi — et de la persuasion. Les pauvres font un effort, finissent par rembourser, estiment qu'il est normal de payer. Autrefois, je m'en souviens, les choses se passaient autrement. Chaque fois qu'il fallait acheter des animaux pour les tuer, on s'adressait aux volontaires, aux gens charitables et riches. C'était la sadaka. Dans les

réunions où se faisaient les collectes, les vieux, pour exciter l'émulation des riches, leur criaient des bénédictions à vous donner la chair de poule et à vous faire regretter d'être pauvre, et les enfants, massés devant la porte de la mosquée, l'oreille attentive, répondaient à l'énoncé de la somme par des « amen » assourdissants ou timides, selon l'importance du don. Les riches, ainsi acculés, offraient le maximum. Il n'était pas rare de voir le premier donateur revenir sur la sellette pour dépasser un rival. Cela faisait la joie des enfants. Maintenant les riches ont réagi. L'opinion publique n'a plus de prise sur eux. C'est plutôt dans le sens contraire que joue leur émulation. Alors nous avons décidé de faire payer tout le monde. Tant par personne ! C'est justice. Il n'y a rien à dire, puisque le pauvre mange comme le riche. Ceux qui n'ont pas de quoi payer sur-le-champ règleront plus tard, au notable, petit à petit, sans s'en rendre compte presque. Le système a du bon. On n'a pas à faire les humbles devant les riches !

Toutefois, parmi ces derniers, il y a encore de braves gens. Cette année, l'un d'entre eux, revenu de France avec une fortune, a voulu payer pour tous les miséreux. Il a répondu pour cent vingt personnes et, complétant son geste, il a distribué deux balles de semoule le même jour, à raison d'un kilo par indigent. Nous en avons parlé une semaine durant. Dieu le lui rendra !

Lorsque, après la fête, les progressistes déclarent tout net que c'est de la pure bêtise, nous leur donnons raison en souriant et nous leur disons qu'ils auraient dû critiquer avant.

— Si ce n'est pas malheureux ! disent les progressistes. Trois cent mille francs gaspillés en une nuit. Encore si vous saviez la manger, cette viande ! Paf ! tout dans la marmite. Vous la dévorez en une soirée et le lendemain, plus rien.

Remarquez qu'ils ont agi exactement comme nous.

— Et alors, à votre avis ? leur rétorquons-nous.

— A notre avis ? C'est tout simple, voyons. Trois cent mille francs. Il y a de quoi paver toutes vos rues boueuses et malpropres (vos rues !), aménager la fontaine, la djemaâ, réparer l'école. Les égouts, par exemple. Que diriez-vous des égouts ? Les cabinets publics. Des choses qui durent. De l'argent employé utilement. Vous serez toujours les mêmes. On ne vous apprendra jamais rien.

Je ne cache pas que ce point de vue est sympathique. Il y a tellement de choses à faire dans notre village. Il faudrait peut-être supprimer les timchradh (1) pour s'occuper de l'urbanisme. Il suffirait de quelques générations pour changer sa physionomie.

En attendant, nos veuves et nos mesquines pourraient se serrer la ceinture et rappeler à leurs petits-enfants l'heureux temps où périodiquement se distribuait au village la viande des sadakas, une viande gratuite ou presque, qui se mangeait en un soir pareil au soir de l'aïd.

C'est vrai aussi que pour ce qui est de l'urbanisme, ce n'est pas au fellah à s'en occuper. Mais, sur ce point, nos progressistes ne sont pas très bien renseignés.

---

(1) Timchret - pluriel : *timchradh.*

V

COMMUNISTES
ET FASCISTES

COMMUNISTES ET FASCISTES

C'EST peut-être une question de vocabulaire. On en jugera.

Le bureau de vote était situé dans un village voisin. Les gens de chez nous s'y rendirent en deux groupes. Lorsqu'ils arrivèrent dans la cour de l'école, Mohand-ouelhocine interpella les siens :

— Les fascistes, par ici ! L'un derrière l'autre. Nous allons voter ensemble.

Ils voulaient impressionner. C'était net.

Mais les communistes ne se laissèrent pas influencer. Leur position était prise. Qu'avaient-ils de commun avec les

fascistes ? Rien. Ah non ! il n'était plus question du çof d'en bas ou de celui d'en haut. Désormais on marche avec son temps. Et le temps ne permet pas d'équivoque. On est communiste ou l'on est fasciste. L'ennui, c'est que les candidats ne tiennent pas le même raisonnement. Quand il y a plusieurs listes, allez vous y retrouver ! Cela devient louche. Et les gens se méfient.

Une fois, j'ai dû présenter aux électeurs un monsieur de l'espèce intermédiaire. Ils étaient ahuris.

— Mais enfin, que vient-il faire ici, s'il n'est ni communiste ni fasciste ? C'est incompréhensible. Tu dis qu'il est bien. Alors, il n'avait qu'à rester chez lui. Il veut brouiller les cartes et gêner le bon candidat. Conseille-lui de s'en aller. Il n'aura personne ici. Entends-tu ? Personne.

Ces vocables nouveaux datent de 1945. Il faut dire qu'au temps des restrictions, les fascistes dont il s'agit détenaient le ravitaillement et, en conséquence, beaucoup d'autorité. Ils en ont abusé, certes. Puis, quand on n'a plus eu besoin d'eux, on s'est mis à les combattre et à dénoncer leurs excès. Ceux qui étaient renseignés sur ces sortes d'individus les ont appelés fascistes, et les fascistes, à leur tour, ont compris que leurs adversaires étaient communistes. C'est pour cette raison que nous rejetons tout compromis : ils se définissent en s'opposant. Un communiste est l'ennemi du fasciste. Et réciproquement. Le rêve du premier est de « briser » le second. Même si, pour y arriver, il devait passer dans l'autre camp. Ce qui, d'ailleurs, rejetterait immanquablement son adversaire dans le sien.

Le fasciste est bien en place. Il est à la tête du village. Il connaît le hakem et le renseigne sur les communistes. Il est « administratif », ami de l'ordre, sérieux et riche. Sa karouba affecte de le suivre aveuglément et lui demande des services. Il est partial avec ostentation, voudrait détenir un pouvoir sans limites, réussit à se rendre nécessaire en « haut lieu ». Il dit à ses hommes :

60

— Méfiez-vous des communistes. Ce sont nos ennemis « séculaires ». N'écoutez pas leurs discours. L'administration est contre eux.

Dans le fond, il les craint beaucoup. On ne sait jamais. Bien sûr, il y a longtemps que cela dure. Mais il peut se produire un changement, ils auront alors le dessus. La roue tourne !

Les communistes dressent leur plan et attendent. Chaque fois qu'il y a un sujet de mécontentement de l'autre côté, leurs rangs grossissent. Puis voilà qu'un des leurs connaît, cette fois, le candidat de l'administration et décide de travailler pour lui. Les deux çofs se rapprochent et il souffle un vent de concorde. Le village va-t-il voter comme une seule personne ? Eh bien, non ! Nous ne sommes pas des moutons, tout de même. Et ceux qui sortent, vont en ville : Alger, Paris ? Ils sont renseignés, peut-être ? Il y en a qui lisent le journal. Le journal, on le comprend toujours d'une façon ou d'une autre. Il y a aussi la jalousie ou autre chose. Et puis quoi, on est libre après tout. Bref, il y a un remous en haut, en bas. Ensuite un regroupement s'opère et :

— Les fascistes, par ici ! L'un derrière l'autre. Nous allons voter ensemble.

Mais les communistes ne se laissent pas influencer...

C'est une question de principe. Quant au résultat, il importe peu. Les élus sont toujours les mêmes. Quand ils viennent promettre, nous n'avons qu'une certitude, c'est qu'ils reviendront un jour pour promettre encore. D'ailleurs ce sont des étrangers. Ce qui nous irrite, c'est que nous n'ayons personne à leur opposer. Ni communiste ni fasciste. Dommage !

En somme, les prises de position catégoriques n'ont leur sens qu'en politique locale. Là « ça barde et ça vaut le coup ». On joue franc jeu aussi. On se connaît de longue date. Les victoires sont des sti-

mulants et les défaites pareillement puisqu'elles promettent des revanches.

Au début, précisément, ce furent les communistes qui eurent le dessus. A ce moment-là, la majorité du village était communiste. Les fascistes étaient reconnaissables à leurs beaux habits, leurs gros ventres et leurs airs louches. Ils fuyaient les lieux publics, évitaient les discussions, flattaient leurs ouvriers ou leurs proches. Le jour de marché, on les voyait attendre devant la porte du hakem. Mais le hakem ne semblait pas pressé de leur venir en aide. Lui les prenait pour des notables et eux espéraient qu'il les imposerait comme tels. Le résultat ne se fit pas attendre. Aux élections des djemaâs, ils furent battus à plate couture sous l'œil ironique du chef et les sarcasmes des adversaires.

Bien entendu, nous eûmes un président communiste. Et les conseillers aussi. Les autres restèrent chez eux. Nous les avions assez vus. Nous avons toujours le même président et les mêmes conseillers.

Lorsqu'il a été question de voter une seconde fois (pas pour les djemaâs, cette fois), les notables ont réuni le village dans la grande mosquée. Il y avait tout le monde à l'intérieur, sur des nattes. Dehors, les jeunes étaient assis sur les bancs de pierre. Par pure curiosité, disaient-ils. Ils n'attendaient rien de cette réunion. Mais ils voulaient entendre le président. Le président avait des choses à dire. On allait voir. Et puis, il fallait être là, à cause de l'amende.

— Je parle au nom du Prophète, dit le président. Dans les villes, il y a trop de politiques. Mais au village, il n'y en a pas. Une seule ! Notre politique, c'est le pain. Elle n'est pas drôle. Il ne faut pas que la ville vienne nous empoisonner. Quand il s'agit de nos affaires, nous savons nous arranger. Il y a des siècles que ça marche, nous n'avons besoin de personne. Là, quel intérêt avons-nous ? Je vous demande.

— Abstention ! crie quelqu'un.

— Oui, ce serait une solution. La meilleure, peut-être. C'est pour dire. Au fond, tout cela nous est égal.

— Non, ce n'est pas égal, cria un jeune du dehors.

— Les jeunes, bouclez-la, clama un notable. Vous avez votre tamen qui peut parler ou, alors, approchez, qu'on vous entende.

Personne n'avança.

— Il a raison. Ce n'est pas égal, en effet, reprit le président. Bien voter ou mal voter. Nous avons le choix. Ceux qui ne sortent pas ne connaissent que la djemaâ ou le champ. Ils ne se doutent de rien. Ce n'est pas si simple. Oui, je sais, rapport à la religion il faut choisir ceci ou cela. Nous sommes tous musulmans, croyez-le bien. La question n'est pas là.

— Elle est là, crie-t-on encore.

— Bon. Tu as raison, toi aussi. Elle est là. Je vous le répète parce qu'on me l'a dit. Notre village est marqué à l'encre rouge. On est renseigné à l'avance sur nos intentions. Je n'accuse personne. C'est un fait. Qui est-ce qui l'ignore ? Alors, voilà. Vous avez l'occasion de vous réhabiliter. Réfléchissez. Faites taire vos calomniateurs. Voyez la tribu, en face : des gens qui savent vivre. Ils ont l'eau, l'électricité, les écoles. Nous, par ici, rien. Réfléchissez !

— Tu as fini ? dit un conseiller.

— Non, mais parle si tu veux.

— Une petite remarque simplement. Ecoutez. Le conseil du président est bon. Savez-vous ce qui arrivera si vous ne le suivez pas ? Il n'arrivera rien du tout. Ne croyez pas au mirage. Le candidat qui doit passer passera et vous retournerez à vos champs.

— Nous y retournerons, justement. On s'en fiche...

— Je m'adresse aux gens raisonnables. Y a-t-il des gens raisonnables ?

— Oui, oui.

— Non, non.

— ...

Les élections se déroulent selon la coutume. Et les

gens retournent effectivement à leurs champs en attendant d'autres élections.

Il convient d'ajouter que les tribus voisines continuent à recevoir l'eau, l'électricité, les écoles. Nous, par ici, rien.

— A cause de l'encre rouge, disent les gens raisonnables.

VI

LE MARCHÉ DU TLÉTA

LE MARCHÉ DU TLÉTA

CERTAINS vous conseillent de ne jamais **manquer un marché.**

— Une fois par semaine, que diable, **on peut** s'offrir un peu de repos et de distraction !

La distraction, peut-être. Mais le repos, voire ! Notre marché n'est pas loin, heureusement ! C'est toujours six kilomètres à l'aller, six au retour. Trois bonnes lieues. Sans compter les kilomètres de déambulation, durant plusieurs heures, autour des étalages. Eh bien ! il y a des gens qui considèrent cela comme du repos et qui d'ailleurs, les autres jours, se fatiguent moins à accomplir leur tâche habituelle. Que voulez-vous ? le repos hebdomadaire a quand même ses inconvénients.

Dans un sens, c'est assez agréable que d'aller au marché. Et instructif aussi. On a un peu l'impression de sortir de sa coquille pour pénétrer dans le monde et on comprend que le monde est vaste. Au village, on ne s'en rend pas compte. On est là à tourner en rond, à discuter sur de petites histoires, à se chamailler pour des riens, à se donner beaucoup d'importance et à en accorder autant au voisin. Dès qu'on se trouve sur la route, c'est fini : on baisse forcément son caquet. De tous les villages, les gens montent ou descendent vers le marché. Chaque sentier qui débouche sur la route y déverse sa fournée d'hommes. Les groupes se croisent, se suivent, se dépassent. Il en vient à pied, sur des ânes, des mulets, dans des taxis, des camions, des autobus. Il y en a qui ne portent rien, d'autres qui sont chargés ou qui poussent devant eux une bête chargée. Celui-ci tire une génisse à l'aide d'une corde passée autour des cornes, celui-là conduit un troupeau serré de moutons maigres dont les sabots crépitants soulèvent des nuages de poussière. Et puis que de visages, de tailles, de tournures, de costumes ! Un vrai monde où l'on se voit soi-même avec des yeux modestes, où l'on est obligé de se mesurer sans complaisance et où l'on est tout de même content d'occuper sa place. On se dit que l'on est homme parmi les hommes et, quels que soient son âge, sa corpulence, son physique, sa condition, il est toujours possible de constater que l'on fait bonne figure. On voit les gens de son village, des villages voisins et des autres tribus à travers la même lunette. Ceux que l'on connaît semblent se transformer et se montrer sous un autre jour. Certains que l'on croyait importants se rapetissent soudainement, d'autres, au contraire, vous surprennent et gagnent à évoluer ainsi hors de chez eux. Cela vient à l'esprit sans qu'on y réfléchisse à vrai dire, flotte dans l'air, crée une ambiance que l'on sent confusément sur la route grouillante, avant d'arriver au marché plus grouillant encore. Le village, la maison, la famille, on ne les oublie pas mais ils sont relégués derrière une grande toile bigarrée qui est l'image de la société.

Pour quelqu'un qui n'est pas habitué à vivre dans les foules, le spectacle d'un grand marché a quelque chose d'impressionnant et de pénible. On fait intérieurement toutes les concessions, on comprend qu'on est seul et faible, que tous ceux qui vous bousculent sont seuls et faibles, que l'on représente une infime partie d'un monstre indéfinissable et éphémère qui vous empoigne pour quelques heures, vous façonne un nouveau visage, vous imprègne d'une âme nouvelle, vous intègre à un tout où il n'est plus permis de trancher. L'histoire du marchand de grains vient naturellement à l'esprit.

C'était un colosse, paraît-il, un homme affable et modeste, soucieux de bien vendre son grain mais non de montrer sa force. Il reçut un jour un client de son envergure qui voulut acheter son blé et profiter de la circonstance pour se mesurer à lui.

— Ton blé n'est pas fameux, dit le client. Il en prit une poignée et se mit à écraser les grains, l'un après l'autre, entre ses doigts. Il en fit de la farine. Or c'était du blé dur.

— Le marché est vaste, répondit le placide négociant, tu peux choisir.

— Je sais. Je t'en prends un double.

— Je suis marchand. Tu seras servi et je serai payé.

Lorsqu'il eut reçu des douros en paiement, il les rendit à l'acheteur et n'en garda qu'un entre ses doigts.

— Je préfère les billets, vois-tu, lui dit-il, reprends tes pièces. Elles ne sont pas bonnes. Tiens ! regarde.

Il écrasa le douro entre ses doigts et en fit une boulette qu'il lui jeta à la face :

— Paie-moi sans bruit. Je veux des billets.

Il eut des billets. L'autre perdit un douro et son orgueil aussi.

Ceux qui n'ont jamais vu le marché du Tléta peuvent l'imaginer comme ils voudront, ils seront en deçà de la réalité parce qu'il ne suffit pas de leur dire qu'il est vaste et qu'il reçoit beaucoup de monde. Il faudrait les guider dans un inextricable désordre, leur faire traverser une inimaginable cohue, leur faire entendre une extraordinaire confusion d'appels, de cris, de bruits. C'est pourquoi décrire est une chose mais voir en est une autre. Notre marché, il faudrait le voir !

Dans l'ancien temps, il se tenait au haut d'une crête, autour des chênes séculaires qui donnaient leur ombre et tendaient leurs bras multiples pour recevoir n'importe quoi :

depuis les tripes qui dégoulinent d'eau verdâtre et les quartiers de viande sanguinolents jusqu'aux chapelets d'oignons et aux soieries criardes. Maintenant, les chênes ont presque tous disparu. Les survivants, affreusement mutilés, n'attirent plus les regards et on ne leur demande aucun service. Autrefois, il n'y avait qu'une seule bâtisse en toub qui comprenait d'un côté le bureau du caïd où venaient de temps à autre le hakem et les gendarmes, de l'autre le bureau du cadi que fréquentaient les usuriers, le crieur public, les vieillards et les orphelins. Tout autour c'étaient des gourbis en branchage ou en pisé qu'occupaient pour quelques heures les épiciers et les marchands d'étoffe. Maintenant une route carrossable s'étire au bas de la crête. Alors le marché s'est installé sur la route. Une rue bien droite s'ébauche, bordée d'édifices à balcons qui finiront par se toucher. Le sommet demeure disponible avec sa bâtisse délabrée et quatre chênes en détresse. C'est là qu'on attache les mulets et les ânes à un gros câble métallique qui se traîne d'un chêne à l'autre comme un boa inerte.

Au pied de chaque chêne se tient, chaque mardi, le même maréchal ferrant qui trône au milieu des bâts, des sacs et des chouaris, son enclume entre les jambes, un monceau de fers à portée de la main. Les mules et les bourriquots s'ébrouent gaîment quand il fait beau, se flairent, se disent leurs secrets, pétaradent et ruent. S'il pleut, ils baissent mélancoliquement les oreilles et reçoivent les averses avec un pessimisme empreint de dignité. Et lorsqu'il fait chaud, ils dorment sagement debout, les oreilles horizontales, les yeux mi-clos, la tête alourdie de rêves obscurs ; leurs longues queues qui vont et viennent tels des balanciers bien réglés semblent témoigner de leur stupidité au lieu d'éloigner les mouches.

Les maréchaux vivent au milieu de leur clientèle qu'ils connaissent fort bien. D'un simple regard, ils devinent l'animal qui se laisse faire. Alors cela marche tout seul. L'aide saisit la patte, la plie sur son genou. Le praticien, en un clin d'œil, arrache le vieux fer, jette les tenailles, saisit le tranchet, raccourcit le sabot, y adapte un nouveau fer qu'il cloue vigoureusement, sans hésitation et sans erreur. Au bout d'un quart d'heure, il libère le patient qui s'en va clopinant et ahuri, chaussé de neuf pour un trimestre. Il y en a aussi qui ne sont guère commodes : on mobilise les spectateurs, la bête est solidement tenue et le maréchal, imperturbable, accomplit sa tâche comme un devoir, car il ne faudrait tout de même pas céder aux fantaisies d'une mule têtue.

De loin, les yeux ne s'attardent pas sur la crête. Le marché est plus bas, tache mouvante et blanche dans un cadre de verdure. C'est beau à voir et à entendre parce que c'est grand et vivant. L'air s'emplit d'un bourdonne-ment continu qui rappelle un peu celui d'un essaim errant mais plus profond plus ample et mystérieux. Parfois même, les jours de fête ou d'affluence, les bêtes de somme disparaissent, des bouchers grimpent sur la crête, s'y découpent comme des anges noirs impressionnants et farouches devant leurs victimes pantelantes. Les vautours naviguent à larges coups d'ailes en un carrousel sauvage. La colline tout entière se couvre d'une nappe houleuse et hérissée dont le murmure immense n'a lui-même rien d'uniforme parce qu'il laisse passer, de temps à autre, le meuglement tragique d'un bœuf qu'on égorge, le braiment étourdi d'un âne qui se croit malin, les cent bêlements apeurés des agneaux qui quittent leurs mères et des chèvres qui ne risquent rien, ou encore les klaxons des voitures et les éclats de pétards ou de bombardes que les enfants vêtus de neuf lancent dans les jambes des passants. Parfois même, une voix humaine, issue d'un gosier étrange, parvient à dominer le brouhaha et semble donner quelque ordre pour discipliner ce tumulte.

En temps normal, il y a moins de monde et de bruit, naturellement. Le désordre est plus apparent que réel, chacun s'y meut à l'aise car, en fait, notre marché est bien conçu. Il comprend la rue et ses magasins, la place, une et indivisible, l'abattoir et ses négros. Trois endroits bien diffé-rents qu'il faut visiter l'un après l'autre.

Qu'on imagine une demi-rue avec une chaussée et

.. Morceau Benaïer Moussa , Vmouleur a "Bördj Menaïel "...

un trottoir. Ce trottoir est bordé de bâtiments bien alignés, bien faits et même assez hauts. Cela du côté de la crête. De l'autre côté, il n'y a rien : une haie et des champs de figuiers qui descendent tranquillement vers la vallée. Le premier tronçon de cette rue appartient aux voitures qui stationnent et aux boutiques qui guettent les passants. Il y a aussi des cafés maures et, au premier, des buvettes et des gargotes. Puis la rue perd son trottoir et devient route. Vers le haut, c'est la grand'place en dos de pastèque ; en bas des dizaines de gibets graisseux, sur un terrain en pente, délimitent l'abattoir et la boucherie hebdomadaires.

Les boutiquiers restent chez eux, la porte ouverte sur la rue. Ils vous accueillent avec le sourire et vous envoient de loin leur salut. Ils sont affables et s'exercent à connaître tout le monde. Leur manière d'attirer le client est de l'appeler par son nom. Ils savent que cela chatouille le fellah qui est agréablement surpris de se voir connu hors de son village. Alors le fellah entre et se laisse faire par politesse. Le kilo de sucre, la livre de café, le morceau de savon, les allumettes, on peut avoir tout cela au village. Mais l'épicier du marché accorde un petit rabais et beaucoup de sourires. Tant pis pour l'épicier du village. On le réserve, lui, pour les achats à crédit.

Le vrai marché ce ne sont pas ces boutiques qui ressemblent à celles de nos villages ou même aux petits magasins des villes. Il faut aller sur la place. Les fellahs aiment bien la place. Ils y vont rarement pour débourser mais souvent pour recevoir. Selon les saisons, on y vend le raisin écarlate des treilles, les grenades, les oranges, les cerises ou les poires. A ces fruits de chez nous se mêlent parfois ceux qui arrivent d'ailleurs, qui sont mal reçus et qu'on achète moins cher. Mais il y a aussi les légumes pour les gens riches qui viennent avec des couffins. Ces gens-là se disputent les choux-fleurs, les carottes, les mange-tout ou d'autres choses sans importance. On les laisse faire sans regret parce qu'on n'est pas là pour acheter des herbes. On est là pour en vendre. On vend des oignons, des salades à repiquer, des plants de tomates, des courgettes ou des

graines de citrouille, des poivrons piquants ou des graines de navets... Chacun est assis sur un bout de sac ou son burnous, son petit tas devant soi, pendant que des gens passent et repassent. On réussit toujours à convaincre quelque acheteur et à gagner petitement sa journée.

Au-dessus du marché aux légumes s'installent les vanniers avec leurs hottes et leurs chouaris neufs, les marchands de nattes, les brocanteurs, les revendeurs de vieilles casseroles, le fabricant de tamis, le soudeur et les savetiers. Entre les artisans et les marchands s'insinuent des gosses qui vous tendent une paire de pigeonneaux, une poule ou un coq, ailes et pattes liées.

Juste à côté des légumes, se serrent des dizaines de moutons, alignés sur deux rangs, les têtes croisées, et retenus par la même corde qui passe d'un cou à l'autre. Après les moutons, ce sont les chèvres et leurs petits, les bœufs et les vaches, puis les grainetiers devant des monceaux de blé, d'orge, de fèves, de pois chiches.

Sur le talus qui domine la route se tiennent les cafés de plein air, les boulangers, les marchands de beignets et enfin les marchands de peaux, juste en face de l'abattoir. Des peaux toutes fraîches, maculées de sang et de boue, avec leurs cornes piteuses qu'on jettera aux chiens dans une minute.

Sur la place, les vendeurs et les acheteurs se mesurent sans hypocrisie. Les uns ont hâte d'acquérir, les autres de se défaire, mais la même envie de gagner refrène leur grande impatience. Alors les acheteurs ont l'air de badauds qui s'amusent, tandis que les vendeurs semblent se donner en spectacle avec une indifférence sans amertume. Lorsque les patiences sont usées et que l'on commence à marchander, les yeux s'éveillent subitement et chacun se prépare au combat. Le soir, le marché se disloquera, la place se videra, vendeurs et acheteurs retourneront chez

eux contents ou mécontents mais avec la consolation d'avoir vécu en hommes, ayant discuté âprement, tendu des pièges, éludé des ruses. Bien entendu, rien n'est plus facile que de vendre une corbeille de raisins ou d'acheter un double de blé. Cela ne compte pour personne. Qu'on aille, pour voir, acheter une vache ou même son mouton de l'aïd ! Ce n'est pas si simple. Le marché est plein d'embûches pour les naïfs et les naïfs, en fin de compte, s'en vont tout honteux de s'être laissés duper. Ils en ont du remords pour une semaine, car ils se figurent toujours que le marché suivant leur apportera une revanche.

Ceux qui savent s'y prendre connaissent toutes les règles subtiles qui permettent de mentir en sauvant la face, de donner sa parole puis de la retirer en douceur sans que l'on s'en aperçoive. Ils ont l'art de vanter une marchandise ou de la déprécier selon les situations. Ils réussissent à retenir l'attention ou à écarter les acheteurs. Ils ont des amis dont ils se méfient, reçoivent des conseils qu'ils ne suivent pas et mettent en garde des gens avertis. Ce sont des hommes. On les trompe rarement et même si la chose arrive, ils se persuadent que l'affaire est excellente et rien n'ébranle leur assurance. Le marché est aux hommes, non aux femmes ! Il faut être audacieux et savoir risquer. Il faut regarder les gens sans sourciller, ne pas craindre, ne pas rougir, être franc et honnête. Parfaitement. Il faut sauver la face. Il paraît que dans l'ancien temps les femmes obtinrent de tenir marché. Elles le tinrent une fois : il dura sept jours et sept nuits. Aucune transaction ne se réalisa. Alors on les dispersa. Et depuis, elles n'ont plus que la fontaine. Là, elles peuvent se livrer à leur bavardage futile, changer d'avis à leur aise, promettre et ne pas tenir, puis revenir à la maison sans avoir perdu ni gagné. Les hommes n'ont pas de ces velléités. Vers trois ou quatre heures, c'est fini, chacun s'en va avec ses emplettes.

Faut-il dire que, pour nous, la grosse emplette c'est la viande ? Entendons-nous. Il faut beaucoup d'argent pour acquérir une paire de bœufs, pour vêtir sa famille ou même acheter ses provisions d'hiver. La viande est un luxe. Il y a des gens pour qui ce luxe est fréquent. Mais les autres, malgré tout, descendent bien, de temps à autre, à l'abattoir. Quand cela se produit, c'est un grand jour pour la famille. La décision a été prise la veille, tous les comptes faits. L'épouse est au courant, et parfois les enfants. En attendant le père, on prépare la grande marmite et on cueille des côtes d'artichauts.

Le père sait très bien que ses enfants lui diront : « Sois le bienvenu » car, le matin, ils lui ont dit : « Dieu avec toi ». Et ces deux formules inséparables sont, chez nous, chargées de sens.

« Au départ, nos souhaits t'accompagnent, mais au retour prouve que tu mérites d'être bien reçu. »

« Le matin, Dieu avec toi. Le soir, sois le bienvenu ! », c'est l'habituel défi qu'on lance au responsable.

Jadis, sans doute, était-il honteux de rentrer les mains vides ou de revenir avec une figure de dupe. L'homme, au marché, se défendait bien et songeait au retour. A présent, personne n'y pense plus, les hommes ni les femmes. Les temps ont bien changé. Quand l'homme est mécontent de son marché, il s'en va terminer sa journée à la gargote. Il s'enivre, paie à boire, vide son porte-monnaie, provoque les gens, se fait battre et dépouiller, puis rentre au village, on ne sait comment, vers le milieu de la nuit. Dans un cas pareil, naturellement, la femme n'a plus qu'à se taire. Et les enfants aussi.

C'est pourquoi tout le monde est d'accord : les gargotes font beaucoup de mal. Ce serait bien fait si elles disparaissaient, estiment les gens. Les prétextes pour boire sont d'ailleurs fort nombreux.

Quand quelqu'un de sérieux y entre par hasard, il s'assure auparavant que ses amis ne le voient pas. Il en sort comme un voleur, un pan de burnous sur la tête. Mais s'il s'y attarde, il finit par se soûler. Alors « il perd la honte ». Ses amis le comprennent et l'excusent. Evidemment ! ce sont les gargotes qui doivent disparaître.

Il y aurait beaucoup de choses à dire sur les gargotes et les buvettes. Nos femmes, qui ne les ont jamais vues, les détestent par conviction et les hommes par esprit de devoir.

Le père de famille va au marché pour

ses affaires. Quand il s'attarde, ce n'est ni à la buvette, ni
même au café maure. C'est à l'abattoir. Les bouchers sont
les plus retors des commerçants. Il est notoire qu'il ne faut
se fier ni à leurs sourires, ni à leurs serments. Il faut se
méfier, au contraire. Les négros connaissent le monde mieux
que les épiciers. Ils n'ont pas besoin de connaître. Ils saisissent le nom au passage :

« Ah ! oui, semblent-ils penser, c'est Rabah celui-là. »

— Eh ! Rabah, approche par ici, vois ces quartiers
de bœuf, de veau, je veux dire. De la bijouterie. C'est gras
et tendre. On te connaît, va. Tu aimes la bonne viande. Tu
sais manger ton argent, toi. Laisse les charognards acheter
la charogne ! Le prix ? A ton aise, mon vieux. Ton prix sera
le mien. Parle...

Le fellah se sauve. Il a peur de ce visage huileux,
de ces yeux brillants, de cette bouche souriante. Il s'en va.
Il est happé par le négro voisin. Bon, il cherche main-forte :
deux, trois, quatre, dix acheteurs entourent le boucher,
l'accablent de louanges, déprécient sa viande, se moquent de
ses exigences, plaisantent, menacent, insistent puis, s'il résiste,
s'il fait la sourde oreille, s'il répond de travers, ils s'en vont
plus loin. Là encore, comme à la place, c'est une lutte de
patience. Une question d'habitude. Des gens savent choisir
leur jour et leur moment pour acheter à bon marché. Des
bouchers devinent le client facile à capter et le finaud qui
s'esquive en entraînant les timides. Il en est qui ont l'art
aussi bien d'éviter un marché catastrophique, où tout un
bœuf vous reste sur les bras, que de profiter des rares occasions où le morceau de filet rapporte son pesant de pièces
d'aluminium. Les bouchers ne sont peut-être pas scrupuleux
mais ils sont psychologues. Ils ont à gagner leur vie, bien
sûr. Nous le savons tous. Ils ne s'en cachent pas. Mais
ont-ils jamais fait fortune ?

« Le métier est très instructif, m'a assuré l'un
d'entre eux. Sans fausse modestie, je dois dire que nous
sommes très forts. Les rois du marché ! C'est même un
plaisir, quelquefois, de rencontrer quelqu'un à sa taille, qui
sache la valeur de la marchandise et résiste comme un

82

homme. Parfois aussi un client s'entête, s'accroche à son prix et reste planté là, devant vous. Ce n'est pas par malice : il faut comprendre qu'il ne peut offrir plus. Nous cédons, un peu par compassion mais aussi à cause du petit bénéfice qu'il nous laisse.

« Oh ! je comprends vite le vieux qui dénoue le coin de son mouchoir de ses doigts crochus et tremblants. Ce n'est pas un avare. Il a reçu un mandat de son fils qui est en France. Les billets sont froissés et neufs : il sort de la poste. Il voudrait couver les billets. Mais les petits-fils l'attendent à la maison.

« Ceux qui reviennent de France sont toujours bien reçus : ils ne marchandent pas pour se donner un genre et ne savent plus reconnaître la bonne marchandise. Nous en profitons, naturellement.

« Les notables et les fonctionnaires sont des habitués. Ils se croient malins et il faut que nous fassions semblant de tenir à eux. Ce sont des clients. Au fond, des adversaires. Avec eux nous n'avons pas toujours le dessus. Quand cela se trouve, ils évitent d'en parler.

« Les gros propriétaires terriens viennent rarement nous voir. Ils égorgent des chevreaux, chez eux, de temps à autre. Chaque fois qu'ils achètent de la viande au marché, on est sûr de tout vendre. Ils sont larges, une fois l'an !

« Larges également ceux qui donnent une fête : mariage, baptême, naissance. Nous sommes un peu de la fête, ce jour-là. Tant mieux ! c'est dans la joie qu'on vient nous voir.

« Dans la joie, parce que nous ne devinons pas toujours le fellah taciturne qui tient son chapelet de viande d'une main, les billets de l'autre et qui se fige devant nous en nous suppliant d'accepter son prix, oui, nous ne devinons pas toujours son dénuement ni qu'il a un malade. Nous ne sommes pas là pour perdre, n'est-ce pas ?

« Eh ! quoi, le bénéfice ? Il n'est pas entre les mains des Kabyles. C'est Dieu qui le donne. Et nous sommes croyants. Il n'y a pas un seul boucher, entends-tu, qui refuse constamment d'entendre cette voix de la détresse. Et pourtant nous sommes pauvres. Et les bœufs, nous les achetons toujours à crédit. On dit beaucoup de mal des négros. Dieu sait... »

C'est bien vrai. La grosse emplette, c'est la viande et les bouchers sont les rois du marché.

Au retour, le soir, lorsque les gens défilent à la djemaâ, on peut reconnaître qu'ils ont de la viande à leur démarche, leur mine épanouie ou exagérément bourrue, leur façon de dire « sallam alikoum ». Les voisins, aussi, on les reconnaît parce que, ce soir-là, hommes, femmes, enfants, ils sont affables et souriants. Chez eux, c'est le silence, la paix ! Sauf, quelquefois, sur la fin, une discussion qui tourne mal et dont l'écho vient témoigner de la mauvaise répartition des parts...

VII

LA VIEILLE AU FAGOT

LA VIEILLE AU FAGOT

PEUT-ON savoir ? — Une pauvresse en tout cas.
Voilà qui est certain. Vous la rencontrez sur la route.
Elle n'est peut-être pas seule. Elles sont deux ou
trois, là, devant vous, longeant le fossé, l'une derrière
l'autre pour rejoindre le village qui n'est pas loin. Mais
avant d'arriver sur la route, il a fallu grimper avec le fagot
qui est lourd, grimper des sentiers étroits, marcher comme
des crabes, baisser l'échine pour éviter les lentisques, les
ronces et les aubépines. Vous les rencontrerez en toutes
saisons et leur fardeau prend l'aspect symbolique d'un souci
collectif qu'elles sont seules à porter. Le souci du bois !

Les hommes sont en France, aux champs ou aux
cafés. Ils ont autre chose à faire. Et lorsque les hommes
veulent du bois, ils se comportent en hommes, non en
vieilles. Alors ce n'est plus un souci. C'est un passe-temps :
on abat un chêne ou un frêne, on scie, on fend, on coupe.

Vous entendez la scie qui crisse, la hache qui cogne, la masse qui résonne sur les coins. Le soir, des ânes passent chargés de bûches fraîches comme du pain frais, rouges et luisantes comme un beau quartier de viande. Cela rassure la vue et nargue tous les hivers. Non, à ce compte, le bois n'est pas un souci. Et pourtant, c'en est bien un ! Savez-vous qu'ils sont si peu nombreux au village ceux qui se moquent ainsi des hivers ? Exactement les mêmes qui ne craignent pas la faim et qui ont, à côté des ikoufan pleins, le bâton de literie surchargé de tapis et, en dehors du village, un ou deux gourbis bourrés de foin. Il ne s'agit point d'eux.

Dans le village, nous avons tous le souci du bois. Mais ce sont les vieilles qui s'en chargent. Voilà pourquoi nous sommes tranquilles de ce côté. Cela ne veut pas dire que nous n'avons pas nos occupations et nos préoccupations. Chacun son rôle malgré tout. C'est facile à comprendre.

Pour les jeunes femmes, naturellement, il n'est jamais question d'aller chercher du bois, de tailler des fagots dans les champs lointains qui ne sont peut-être pas à vous et où l'on peut vous trouver. Passe qui veut dans ces endroits : des chasseurs, des bergers, des gens que vous ne connaissez pas. Et, ma foi, si vous êtes jeune, vous n'ignorez pas que des risques existent. Non, les fagots de bois, ce ne sont pas les jeunes qui iront les chercher. Sauf peut-être de leur propre champ, en compagnie du mari qui coupera justement les branches à longueur voulue, attachera la charge solidement et correctement, puis remontera au village comme un flâneur, sa hachette sur l'épaule et son épouse devant ou derrière pliant sous le faix. Tableau classique, un peu choquant, bien sûr. Qui songe à le nier ? Mais il ne faut pas se hâter d'y voir l'image du maître faisant trimer son esclave. Nous n'y mettons aucune malice. L'homme a coupé deux heures durant, la femme en mettra

une pour porter. C'est tout simple. Les tâches sont réparties, l'entente est parfaite. Il y a autre chose aussi. Des considérations d'ordre psychologique qui nous mèneraient trop loin. Tout cela pour dire que l'homme ne doit pas porter et que sa femme, la première, serait scandalisée si, par exemple, il voulait partager la charge.

Cette vieille que vous rencontrez, vêtue d'une gandoura terne, sans manches, d'une fouta décolorée par de mauvais lavages, est bien l'image de la peine. Ses bras anguleux, sans muscles, laissent pendre leur peau flasque et s'épuisent à tirer sur le bout de corde, par-dessus l'épaule. Les reins cèdent sous la charge. Parfois les lèvres se serrent en une ride horizontale qui s'ajoute à toutes les rides verticales d'un visage desséché par les ans. Suivez-là donc chez elle ! Elle est contente d'arriver, de laisser tomber bruyamment le fardeau. Ensuite elle commence à geindre à la vue de la jeune femme bien mise qui s'affaire autour du foyer. Oh ! la bru peut brûler le bois à son aise. Elle ne sait pas d'où il vient. Elle feint de ne pas savoir. Ça a-t-il un cœur, une bru ? Et le fils qui tolère ce gaspillage ? Savez-vous ce qu'il vous rétorque, le fils, dans les meilleurs moments ?

— Mais, maman, ne te donne pas tant de peine. Je vais couper un frêne, nous en avons.

— Faites-vous du mauvais sang maintenant ! Voilà les enfants d'aujourd'hui. Les vieilles, personne ne tient à elles. On s'en passe. Elles ne comptent pas.

Il faut pourtant qu'ils sachent, les jeunes époux, que le bois n'est pas venu tout seul. On le leur fait savoir !

Oui, rendons grâce aux vieilles qui nous délivrent d'un souci : le souci du bois.

VIII

LES BERGÈRES

LES BERGÈRES

LA bergère aime bien sa chèvre. Et toutes les bergères aiment leurs chèvres. Ensemble elles forment une petite troupe qui vagabonde capricieusement sur les crêtes buissonneuses, là où il n'y a ni figuiers, ni jeunes oliviers, mais beaucoup de genêts aux papillons d'or, des lavandes parfumées, du myrte, du smilax et d'autres choses encore. Dans le maquis sauvage, chacun se sent à l'aise. Le temps passe : on flâne, on s'amuse, on gambade, on n'est pas pressé de rentrer...

Pour nous, la chèvre n'est pas la vache du pauvre mais celle de tout le monde : en ont tous ceux qui peuvent en avoir. A la maison, la chèvre n'est pas gênante, il lui faut peu de choses. En dehors, elle se tire d'affaire à merveille, mais son irrévérence à l'endroit de nos arbres fruitiers

a quelque chose de passionné que nous supportons comme un vice et que nous refrénons de notre mieux. Dans certains villages se constituent des troupeaux : des démocraties caprines endiablées où toutes les citoyennes jouissent des mêmes droits et sont soumises aux mêmes obligations. Chaque propriétaire se charge du troupeau quand vient son tour. Puis il est tranquille pour plusieurs semaines et sa chèvre ne voit jamais ses figuiers. Néanmoins, comme tout ce qui est collectif chez nous, le troupeau est négligé par chacun et personne ne s'en plaint. L'endroit où on les mène est strictement le seul où les chèvres ne trouvent rien à brouter : les touffes de genêts, de chênes, d'oléastres, de jujubiers n'offrent plus que des bouts de ramilles sans feuilles, le smilax a disparu, des lavandes il ne reste que les souches, tout cela pour avoir été cent fois visité, mordu, piétiné. Il n'y a guère d'épanouis que les cystes jaunâtres aux feuilles visqueuses et immangeables. Il est de notoriété que le troupeau est toujours conduit « aux cystes ». Nous savons que les chèvres reviennent le soir affamées, après s'être livré des combats sensationnels, après d'amusantes glissades au milieu de nuages de poussière, après avoir flirté à leur aise avec les boucs, leurs enfants d'un an, qui déjà se piquent de devenir pères. Si on aime sa chèvre, on ne la met pas au troupeau. Et si les bergères n'aimaient pas leurs chèvres, vous ne les verriez pas derrière leurs bêtes.

Bien entendu, des villages existent où cette idée de constituer un troupeau n'est pas venue aux gens. Ils ont du large ; les broussailles ne manquent pas ; chacun se suffit. Chez ces gens-là, tout le monde est berger, à l'occasion, et la chèvre connaît tous les siens.

Lorsque le père de famille l'invite à le suivre en lui tendant d'une main avare les figues véreuses qu'il puise,

l'une après l'autre, dans le capuchon du burnous effiloché (le burnous des champs), elle sait, la vieille biquette, qu'elle ne pourra pas gambader pour cette sortie. Il ne lui reste plus qu'à se hâter de trottiner derrière le bourriquot car, dès qu'on arrivera au champ, le père l'attachera au piquet de la haie, à portée d'une touffe de ronces où il n'y aura à découvrir que quelques brins de clématite. Pas très loin, l'âne sera attaché aussi, et l'homme ira à son travail. Le soir, vous avez droit à une bonne brassée de pousses tendres cueillies avec soin, ainsi qu'aux dernières figues véreuses : sortie ennuyeuse tout de même. Il y a mieux.

Parfois vous accompagnez la mère quand elle va vider, autour des figuiers, la corbeille de crottes qu'elle a retirées de la litière. Cette femme est si douce que vous la suivez avec plaisir. Le son de sa voix, vous l'aimez parce qu'il est affectueux comme son regard. Vous savez que vous êtes sa chèvre avant d'être la chèvre de tous les autres. Elle a mille façons de vous le faire comprendre. Pourtant, le jour de sortie, elle vous trahit froidement. Avant de franchir la haie, elle vous empoigne, dénoue sa ceinture rouge et vous lie au méchant piquet. A cause des figuiers, précisément ! Ce qui ne vous empêche pas, d'ailleurs, de lui rendre votre estime dès que vous remontez à la maison. Sortie trop rapide, malgré tout. Encore une fois, il y a mieux.

Les jours de congé scolaire, vous les devinez tout de suite. Le petit bonhomme de garçon, gandoura retroussée, poche enflée de bonnes figues et vieux burnous autour du cou vous regarde fièrement et vous attend sur le seuil. Vous irez loin, peut-être. Vous pourrez courir à votre aise. Mais il y aura d'autres chèvres et d'autres garçons. Vous pousserez jusqu'à la rivière. La journée sera belle, il y aura « à boire et à manger ». Oh ! sûrement.

Les garçons s'amusent, vous oublient bientôt. Un délit est vite commis par quelque récalcitrante puis par une autre et par toutes enfin. Alors c'est le désordre. Les cailloux pleuvent sur les crânes, les côtes, les échines. Quand ils jouent de la flûte, c'est bien gai. Mais parfois, c'est avec vous qu'ils veulent jouer : ils vous saisissent par les cornes et vous montent dessus ; il faut se débattre, bêler furieusement, se rouler par terre, se déchirer la mamelle. Quelle gymnastique ! Le soir ils sont accueillis avec un sourire heureux par la maman qui ne se doute de rien naturellement. Non, vous n'êtes pas pressée de voir arriver le congé suivant. Et Dieu merci, il y a mieux. Quelle est l'insensée qui, pour compagne perpétuelle, hésiterait à choisir la fille ?

Les filles sont plus douces que les garçons. C'est un fait. Elles ne sont pas très audacieuses, sans doute, mais attentives ! Les meilleurs coins, elles les connaissent, et on est sûr de les visiter. On est là pour se remplir le ventre, non pour s'amuser. Lorsque, les babines entr'ouvertes, les yeux pleins de gourmandise, biquette tourne désespérément autour d'un beau bouquet haut perché, le garçon s'en aperçoit-il seulement ? La fille vient à votre secours, se suspend de son petit poids à la branche, s'écorche les pieds et les mains à vous la pencher à portée. Vous faites vite pour la récompenser. D'un coup de dents la cime est enlevée et vous recevez une caresse en guise de remerciement.

Les chèvres peuvent compter sur leurs gardiennes dont l'unique souci est de s'assurer que les ventres sont bien rebondis et les mamelles bien gonflées. Et le chacal ignore-t-il que leur vigilance ne peut pas être mise en défaut ? Nul espoir avec les filles.

Leur fierté, c'est la mamelle. Elles sont toujours à comparer, à se réjouir ou s'attrister, à envier secrètement ou à vanter ouvertement. Entre elles, la conversation roule sur les mérites de leurs chèvres. Quand elles en parlent, les plus orgueilleuses ont l'air de vous dévoiler des secrets importants et accompagnent leurs confidences d'une prière précautionneuse :

— Mes sœurs, c'est trois litres, que Dieu la bénisse ! Ma mère me défend de le répéter. Voyez ses pis, on les dirait d'une vache, Dieu bénisse. Ses petits sont élancés comme des lévriers, Dieu...

Une ancienne bergère devenue mère de famille se rappelle avoir eu une amie qui ne permettait aucune discussion.

« Nous sortions toujours ensemble, me dit-elle. Elle aimait bien sa chèvre et moi aussi la mienne. Mais j'étais timide, moi, et influençable. Elle me parlait toujours de sa chèvre, dédaignait les autres, Dieu bénisse par ci, Dieu bénisse par là, je n'avais qu'à approuver. Que voulez-vous ? A la fin, j'ai adopté la formule. Et je disais moi aussi : « Ta chèvre, Dieu bénisse, c'est ceci ou cela ». Cette formule, je n'eus jamais le courage de l'employer en parlant de ma biquette, bien qu'intérieurement le vœu était chaque fois exprimé. Mon amie ne s'en aperçut même pas ou bien, si elle s'en rendit compte, ce lui fut une raison supplémentaire de dédaigner ma chèvre. Par la suite, dans d'autres occasions, j'ai rencontré pas mal de gens qui disent : « Ma chèvre, Dieu bénisse, c'est ceci ou cela ». Vous leur répondez : « Oui, ta chèvre, Dieu bénisse, c'est... ». Quant à eux, ils vous déclarent froidement : « Ta chèvre, c'est... », ne réservant la bénédiction que pour ce qui les touche. »

Dans le cœur des grandes filles, ces années de vagabondage demeurent pleines de souvenirs touchants. On n'oublie pas sa plus belle bête, ni la plus douce, ni celle que les gens ont enviée. Leur robe, leur tête, la forme de leurs petites cornes restent dans la mémoire tout comme leurs manies ou leur tempérament. Ce sont des images amies qui rappellent les temps d'insouciance. Les temps où l'enfant accorde la même âme aux gens, aux bêtes, à soi-même, et beaucoup d'affection à sa chèvre.

IX

A LA CLAIRE FONTAINE

A LA CLAIRE FONTAINE...

A la claire fontaine, nos jeunes filles vont se promener avec autant de plaisir que dans la chanson célèbre. Il faut se mettre à leur place : elles n'ont pas de djemaâs comme les hommes ; la fontaine en tient lieu. Là on peut bavarder, s'amuser et rire en attendant que s'emplisse l'amphore. On y va en groupes, on s'y assemble par affinités, on y apprend des nouvelles, on y échange des potins, on y lie des amitiés.

Nous, les hommes, nous savons bien la place qu'elle tient dans le cœur des jeunes, et, en définitive, nous n'ignorons rien de ce qui s'y passe. A tout considérer, la

fontaine fait partie de notre vie au même titre que le café, la djemaâ et le champ. L'existence serait inconcevable, chez nous, s'il n'y avait pas la fontaine. Nous sommes de ces gens qui ne peuvent se passer d'eau, qui parfois vont la chercher très loin et la rationnent précieusement l'été. Bien entendu, l'on en est chiche comme d'une denrée rare et mesurée pareillement à tous... Mais le dessein du narrateur n'est pas d'attirer l'attention des pouvoirs publics sur une situation qu'ils connaissent fort bien ni de se livrer à des calculs que des gens pourvus de salles de bains pourraient trouver ridicules ou anachroniques. Dans un sens, d'ailleurs, cette situation, nous l'avons créée avec le temps. Il est fatal que nous en pâtissions.

Jadis, racontent nos vieux, les Kabyles ne s'étaient pas agglomérés sur les crêtes ; les maisons étaient éparpillées dans un pays très boisé. Chacun avait, à proximité, sa petite source où il pouvait venir puiser. Lorsqu'ils se furent hissés sur les sommets, il leur fallut se résigner à descendre pour boire. C'est donc très simple apparemment. Cette eau que nous avons fuie, nous sommes condamnés à l'aller chercher. Voilà l'origine de la fontaine.

Il faut préciser tout de suite que cette fontaine peut être n'importe quoi : un ruisseau qui s'entête à vivre l'été ; une source d'hiver ou de printemps qui surgit d'un talus où l'on a aménagé une grossière cuvette ; une vraie source ombragée de figuiers, de micocouliers ou de vignes, dans le fond d'une pittoresque vallée ; ou enfin la fontaine classique, avec son réservoir, son bassin rectangulaire, ses robinets de cuivre, ses piliers de briques et sa courette dallée : la fontaine de tout le monde, construite il n'y a pas bien longtemps par un maçon français aidé de tous les hommes du village sous la surveillance des tamens et de l'amin. Naturellement la distance au village varie selon le cas. Elle

108

dépasse rarement deux kilomètres. Bien que nos femmes aient presque toujours une côte à grimper, on peut dire, par conséquent, que la corvée d'eau reste pour toutes une tâche supportable de même nature que celles qui les attendent journellement aux champs.

Il est souhaitable, certes, que s'améliore un jour le sort de nos ménagères. Mais en fait d'améliorations souhaitables, ·nos ménagères seraient en mesure de dresser une longue liste sur laquelle, de toute évidence, l'eau à domicile ne serait pas à la première place. L'avenir, sans nul doute, leur réserve toutes ces améliorations. En attendant, nous l'avons comme tout le monde, l'eau du Bon Dieu. Pas en abondance, bien sûr, mais nous l'avons gratis, fraîche et pure. Et ce sont nos femmes qui vont la chercher dans des cruches.

Les hommes ne vont pas à la fontaine. La règle le veut ainsi. Une règle tacite qui se transmet de génération en génération. Une indiscutable question de décence, de respect humain, si on préfère. Nous la trouvons déplacée cette curiosité des gens qui les poussent à vouloir visiter nos fontaines. Il existe bien chez tout le monde un lieu où l'on n'aimerait voir personne : c'est tantôt la chambre à coucher, tantôt la cuisine ou la maison tout entière. Nous, nous avons la fontaine. Les femmes y sont à l'aise mieux qu'à la maison. Eh bien ! nous leur y laissons la paix. Pour nous qui vivons simplement dans nos villages pauvres et austères, c'est assurément l'endroit le plus gai, le lieu chic que nous feignons de mépriser et dont nous sommes fiers en cachette. Nous ne savons rien de plus triste qu'une fontaine déserte. Aussi, il nous est agréable qu'elle soit animée par nos femmes et nos filles, qu'elles s'y sentent libérées de la crainte des hommes, qu'elles oublient un peu leurs soucis, leur timidité et leur triste intérieur. Lorsqu'elles s'interpellent pour sortir, qu'elles commencent à défiler à travers la djemaâ pleine avec leurs amphores qui mettent

en valeur leur taille souple, nous avons l'impression que le village tout entier s'en va allégrement en promenade pour se débarbouiller, se rafraîchir, prendre de l'air et des couleurs. Nous ne craignons pas qu'on rencontre nos femmes, ni qu'on les trouve saines, vigoureuses ou belles. Mais les écarts, nous les détestons car tout est mesuré chez nous.

Un jeune homme bien éduqué n'ira pas se poster à proximité des femmes, ni flâner sur leur passage. Une jeune fille bien élevée passe son chemin sans se retourner et on la voit rarement seule. Si parfois s'échangent des regards qui vont droit au cœur, il faut s'en contenter en secret, attendre patiemment qu'un jour se renouvelle l'occasion de se regarder encore ; un penchant discret peut naître, un choix se fixer. Puis les parents prennent la chose en main et quelquefois ils s'entendent. Oui, cela peut arriver. Nous le savons : il faut bien tout de même que les jeunes se connaissent un peu avant de se marier.

A la fontaine, les vieilles sont respectées car on a besoin de se faire bien voir. On minaude, on est gentille et spirituelle, un peu envieuse et méchante, on fait sa cour. Les femmes raisonnables se chargent de la bonne tenue et du service d'ordre. Les jeunes se surveillent. Une bonne réputation n'est pas facile à établir mais combien d'étourdies perdent la leur d'un seul coup !

— Ma fille, choisis tes compagnes, conseille la maman avisée. Sois polie avec les grandes, ne cherche pas à prendre le tour d'une autre. Ton père n'a jamais payé d'amende pour une dispute à la fontaine.

— Celle-là, ma fille, quand elle t'appellera, tu répondras que les jarres sont pleines. Je ne veux pas qu'on vous rencontre de compagnie.

— L'autre jour, ma fille, vous plaisantiez et riiez fort tout près de la djemaâ. Ourdia a glissé pour avoir voulu hâter le pas.

— Oui, mère. Il n'y avait que deux jeunes gens sur les dalles. Ils ont détourné la tête.

— Ils sont bien élevés, ma fille. Mais il vaut mieux garder son naturel, un air sérieux et modeste... Ne pas tomber, c'est préférable.

Les toutes petites vont à la fontaine, comme les grandes. Elles ont des cruchettes toutes mignonnes qu'elles apprennent à porter sur les hanches. Maman leur a fait une vraie toilette et leur a dit qu'elles doivent être belles. Ainsi, dès l'enfance, comme les hommes à la djemaâ, chacune se fait à la fontaine la place qu'elle mérite. Il y en a qui s'imposent, que l'on entoure et que l'on estime ; d'autres sont des rieuses qui amusent et qui ont du succès ; il y en a d'élégantes que l'on imite et qui lancent des modes ; il y a les batailleuses qu'il faut éviter, les vaniteuses insupportables, les effacées qui trouvent toujours une compagne insignifiante avec laquelle on peut s'entendre, il y a les bonnes et aussi les mauvaises...

Les meilleurs jours pour la fontaine sont les aïds où l'on se repose et s'habille. La cruche d'eau n'est pour lors qu'un prétexte.

Personne n'est pressé d'emplir. On fait admirer ses robes, ses bijoux, ou tout au moins sa frimousse. On chante, on danse tranquillement, tandis que les hommes fêtent leur aïd à leur façon et autre part.

Lorsque la jeune mariée doit sortir après une semaine de claustration (son septième jour), sa première visite est pour la fontaine. Sa mère vient la parer. Ses amies la guettent au pas de leur porte, mais les plus audacieuses viennent la prendre. Il lui faut une amphore neuve, pour la circonstance. Le cortège se forme et grossit au fur et à mesure qu'on avance à travers la grand'rue, car, de toutes les ruelles, les curieuses débouchent, la cruche au dos. Quand l'épousée est jolie, ou riche, ou estimée, cela fait un beau défilé de foulards chatoyants, de robes et de foutas. On peut la distinguer au milieu, vêtue de neuf, guindée et hésitante. La belle répond d'une voix timide aux félicitations qu'on lui prodigue et on croit qu'elle rougit sous la poudre de riz. Pour une fois, elle est aux nues ; elle se sent heureuse et enviée. C'est son meilleur jour que grignotent ses pas. Alors elle marche doucement et voudrait que la fontaine fût loin, bien loin.

Quand elle y arrive, toutes s'écartent pour la laisser passer. Dans le bassin transparent, elle plonge sa cruche neuve, et, pendant que l'eau s'y précipite en glougloutant, elle murmure un court poème chuchoté par la mère, dans le creux de l'oreille, avant le départ, et qu'elle s'est bien gardé d'oublier :

O fontaine de mes aïeux !
De ton eau qui ignore le goût ?
C'est le goût du blé qui nourrit,
Le blé du vaillant fellah !
O Dieu ! fais que l'on m'aime
Comme les gens aiment leur fontaine.

114

X

LES BEAUX JOURS

LES BEAUX JOURS

TOUT le monde connaît le vœu de Si-Mehammed. Si-Mehammed est un chacal. Un chacal kabyle. Lorsqu'on lui a demandé ce qu'il pensait des saisons, il a été catégorique :

— L'hiver ? — Un jour puis un autre.
— L'été ? — Une année et une autre.
— Lekhrif ? — Un mois suit l'autre.

Disons tout de suite que lekhrif est la saison des figues et que de ce mot, lekhrif, nous avons tiré un verbe, le verbe se régaler. C'est compris ? Deux jours d'hiver, deux ans d'été et l'éternité pour lekhrif. Voilà le vœu de Si-

Mehammed. Le printemps, la verdure, le chant des oiseaux et le murmure des sources, le ciel bleu d'avril et la nature en fête, peu lui chaut tout cela. Si-Mehammed n'est pas un rêveur mais un malin. Nous le savons de reste.

L'hiver, il souffre cruellement — et beaucoup avec lui. Il y a la faim et il y a le froid. Il pleut, il neige, il vente. Les orgues du Djurdjura aspirent l'air glacé de la mer et rendent un son lugubre. Dans les bois, il n'y a rien pour le chacal ; rien également dans les ikoufan du pauvre. C'est la raison qui fait détester l'hiver au chacal et au pauvre. Deux jours ? A la rigueur. Parce qu'on sait tout de même que l'hiver existe : il faut qu'il existe. Il n'y a pas moyen de faire autrement. Deux jours, comme deux soupapes qui serviraient d'exutoires à la colère divine. Deux jours pour accabler les malheureux. C'est bien suffisant, on les accepte. Mais qu'on n'en parle plus.

Pourquoi voudrait-on qu'un chacal attachât de l'importance aux fleurs et au ciel bleu ? Il a tort peut-être mais les faits sont là. Il ignore le printemps et, tant qu'il aura faim, il continuera de l'ignorer. Pourtant on ne sait jamais. C'est sans doute pendant lekhrif qu'il trouve son printemps, lui. Les grappes dorées et les figues juteuses sont ses fleurs éclatantes, ses bouquets parfumés qu'il ne se contente pas de humer. Les matinées fraîches où gazouillent les fauvettes et les rouges-queues, les bosquets inextricables d'ormes, de frênes, de merisiers et les enchevêtrements

118

de treilles qui grimpent jusqu'aux faîtes, sautent d'un arbre à l'autre, laissant pendre leurs grappes au-dessus d'une mare tranquille et transparente, cela, c'est le printemps du chacal, le vrai printemps de Kabylie. Quant à l'autre, celui des artistes et des citadins, il est vain et stérile malgré tout son pollen. Nous nous ennuyons à ce moment-là. Dans les ikoufan, c'est la soudure. Alors qu'on en racle les derniers grains de blé ou d'orge, aux champs, les épis se forment à peine. Comment souder avec si peu ? On serre la ceinture et on attend que les fruits mûrissent. Puis, quand le ventre pourra s'emplir, la tête se mettra à chanter.

L'été n'est pas si mal. On moissonne les épis et on en mange. Il y a des fèves et des petits pois, puis les cerises, les prunes, les poires. « L'été, dit un poète, est la saison bénie. » C'est tout à fait notre avis. Que la chaleur soit accablante, que le soleil fendille la terre, voilà qui est fatal, mais l'important est que ce soleil achève de mûrir l'épi et le dessèche aussi. L'important est que l'été soit synonyme de dépiquages et de récoltes. Et de nouveau les greniers s'emplissent, nos ikoufan et les labyrinthes des fourmis noires. Pour nous, l'été couronne généreusement l'année. Le fellah n'a plus de soucis. A midi, il somnole béatement sur les dalles froides de la djemaâ. A la fraîcheur du matin ou du soir, il achève de régler rapidement ses comptes avec ses arbres et ses cultures. Il sait que l'année laborieuse est finie, que la suivante ne débutera qu'avec les premières pluies d'octobre, mais qu'elle lui réclamera tout de suite des comptes à son tour.

119

— Viens défricher, lui dira-t-elle. Dépêche-toi, le temps presse. Vite, la charrue. Sème et laboure, laboure et sème. Prépare ton bois, tes provisions, ton linge. Prépare tout. Débrouille-toi.

L'année est toujours pressée et indifférente, car un beau matin, qu'il soit prêt ou non, elle lui jette froidement ses mauvais jours.

— Tiens, attrape, Mehammed.

Et Mehammed baisse l'échine.

Oh ! oui, l'été mérite sûrement les deux ans. Nous aimons bien l'été et, par reconnaissance, nous lui octroyons ses deux ans. Mais notre impatience ne peut pas aller plus loin. Nous le remercions du fond du cœur. Qu'il s'efface poliment ! Et que vienne lekhrif éternel !

Lekhrif se présente aux gens avec l'attrait du fruit défendu. C'est une raison supplémentaire de l'aimer. Il faut savoir qu'il débute par une interdiction. Voici de quoi il s'agit :

Dès que les premières figues sont mûres, la bonne nouvelle se répand dans le village.

— Ah ! ça y est ? Mouh-ou-el Hadj est sérieux. Une vraie figue ?

— Oui. Je l'ai vue ! Elle avait la feuille en dessous.

— Les figues-fleurs aussi ont la feuille en dessous.

— Jamais de la vie !

— Alors, c'est peut-être son grand figuier du clos « Joyeux », à côté du grenadier ?

— Juste.

Le lendemain, d'autres en trouvent. Puis les jours suivants. A partir de ce moment, les enfants entrent en campagne. C'est leur droit. Ils sortent le matin, repèrent les bons figuiers, forment des bandes, désertent la maison, la djemaâ, le village. Au début, on tolère. Un enfant ! il faut bien qu'il s'amuse. Mais bientôt les dégâts deviennent inquiétants : branches cassées, fruits arrachés qui demandent une bonne semaine pour être à point, haies démolies, bagarres...

— Non ! ils vont partout, n'épargnent aucun champ,

120

aucun figuier. Si cela continue, il n'y aura jamais de figues mûres. Ils les cueillent au fur et à mesure...

Les notables se réunissent, marabout en tête, et décident d'en finir. Tout le monde assiste à la cérémonie. Les notables promettent l'amende et le marabout la malédiction. Les enfants sont là bruyants et gais. Bravo pour la malédiction, disent-ils, le marabout est une fripouille ! il ne « touchera » personne.

— Eh ! il y a l'amende aussi.

— Ce n'est pas défendu de voler !

Pendant quinze jours, nul n'aura le droit de toucher aux figues. Qu'elles mûrissent en paix ! Les grandes personnes donnent l'exemple et respectent la loi. Maintenant les petits se faufilent sous les figuiers, évitent de se faire prendre, disparaissent quand ils voient des hommes. C'est à ce moment que les figues leur paraissent vraiment belles.

On en doutera peut-être, mais il convient de ne rien celer. Eh bien ! il y a des hommes qui agissent comme des enfants, qui mangent en cachette, tout seul, dans leurs champs. C'est proprement scandaleux. Des gens qui se « régalent » en douceur et qui, le soir, reviennent tranquillement chez eux, sans remords. Quand ils passent à la djemaâ, ils disent d'un air tout à fait innocent :

— Le salut est sur vous, le bonsoir est sur vous !

Mais nous savons à quoi nous en tenir.

Il se colporte, à ce propos, une anecdote navrante sur l'ancien amin de Tighilt, un petit village de la région. Ce monsieur a été surpris un jour sur son figuier caressant les fruits mûrs. Il n'est pas mort de confusion, mais ses administrés en ont ri parce qu'ils ont pris la chose du bon côté. Et depuis, c'est devenu proverbial. Quand on vous dira, par exemple :

— Quoi ? nos notables ? Ils ressemblent à l'amin de Tighilt.

Sachez ce que cela signifie.

Malgré tout, il faut croire que le système a du bon puisqu'au bout d'une quinzaine les figueraies changent d'aspect et que chaque figuier vous tend sans façons ses bras lourdement chargés. Il ne reste plus qu'à convier les croyants au merveilleux festin d'imma thamer'rousth (1), aux plats du Bon Dieu offerts pour tous et que tous doivent goûter. Parce que, cela il faut le dire, nous avons très vif l'amour de la propriété : chacun mange jalousement ses poires, ses glands ou ses pommes de terre, mais ses figues, non. C'est un don d'en haut qu'on ne peut refuser au pauvre.

Il y a, près du village, un endroit qui appartient à tous. Les figuiers, les treilles, les cactus y sont à la disposition de tous. Le village en prend soin, les bergers le respectent. C'est pour les pauvres. Un endroit où par pudeur les riches et les moins riches ne mettent jamais les pieds. Il est là pour qui veut. Il n'y a vraiment que les nécessiteux qui veulent. Au village, personne n'est privé de figues. Quand on lève l'interdiction, nous sommes tous de la fête. Les maisons se vident avant l'aube ; les champs se renvoient l'écho des appels joyeux ; nous vivons un jour heureux, le premier jour de lekhrif !

Puis, qu'on ne demande plus après nous ! nous sommes bien. Indiscutablement. Les figues fraîches et les raisins, nous savons les manger. Nous les mangeons par amitié pour nos figuiers et nos treilles. Et si les gens de la ville qui achètent nos fruits par kilos pouvaient comprendre, ils en seraient jaloux. Mais ils ne comprendront jamais. Il y a des joies qui ne s'achètent pas, des plaisirs insoupçonnés, des bonheurs simples et tranquilles dont il faut jouir en cachette. Ces joies, ces plaisirs, ces bonheurs, nous seuls les connaissons lorsque nous allons le matin aux champs faire la cueillette dans la rosée.

A la table des restaurants, j'ai vu des gens ouvrir la figue au couteau, la saupoudrer de sucre fin et la prendre du bout des lèvres par petits morceaux qui font pitié. N'est-ce pas un sacrilège ? Quelle triste fin pour une figue ! Non, c'est en une bouchée que cela se mange. Deux tout au plus, quand on est délicat. On la tient par le pédoncule, les yeux

---

(1) Imma : ma mère ; thamer'rousth : le figuier. Expression courante en Kabylie.

s'en régalent les premiers puis, sans façon, il faut arracher ce pédoncule, essuyer le lait qui suinte et se l'offrir tout entière, telle qu'Allah vous la donne. Car elle est parfaite comme un mets divin qui n'a pas besoin d'apprêts.

Lekhrif passe. Dans la bouche, nous gardons quelque temps le doux parfum de la dernière figue et aussi, comme un regret, les picotements de la dernière sève d'octobre. Les arbres allégés se redressent sans enthousiasme, prennent une mine ravagée et frileuse. Les champs retrouvent le silence, les chemins perdent leur animation. Si-Mehammed erre, désolé, au fond des ravines pour y découvrir quelque pauvre figue lavée de son suc et égarée sous les larges feuilles jaunes. Mais déjà il baisse l'échine. Lekhrif est fini. Il sait ce qui l'attend.

XI

L'INSTITUTEUR DU BLED

L'INSTITUTEUR DU BLED

L'AUTEUR de ces lignes est un instituteur kabyle. Il compte quinze années de service et n'a jamais exercé ailleurs qu'en Kabylie. Son cas est particulier, semble-t-il, car, en somme, il vit parmi les siens tout comme l'instituteur de France qui, sortant de l'école normale du chef-lieu, parvient à se faire nommer dans le petit hameau de son enfance ou dans un hameau voisin. L'analogie des situations n'est pourtant qu'apparente.

Ici, l'instituteur revient s'installer dans son douar d'origine, parfois dans son propre village, après avoir étudié, fréquenté des milieux très différents du sien, décroché des diplômes, acquis du savoir et tout cela l'empêche d'être repris tout à fait. On le reçoit avec ses titres et on s'en méfie un peu. Il comprend tout de suite la proverbiale prudence des prophètes qui, pour chercher fortune, doivent changer de pays. Bien souvent, sa position est délicate. On l'observe, on l'étudie, on le juge et on parvient toujours à le critiquer. Ensuite on exige de lui ce qu'on n'eût pas osé demander à son prédécesseur. Dame, il est du pays ! Il doit tenir bon. Il se sentira à l'aise le jour où tout le monde se sera rendu compte qu'il est instituteur et non plus l'enfant du douar - du village. Il est cheikh au même titre que cet étranger qu'il a remplacé. Ce n'est plus Ahmed, fils de Chabane des Aït-Slimane ! C'est le maître d'école. A partir de ce moment, oui, il se sentira à l'aise. Et si les gens lui avouent, par hasard, qu'ils sont contents de le voir là, qu'ils le considèrent comme le père ou le grand frère de tous les enfants, ce jour-là, il pourra être content lui aussi. Mais qu'il sache que cette confiance, il l'a inspirée uniquement en ayant eu la sagesse de ne pas sortir de son rôle.

L'instituteur du bled, qu'il soit d'origine indigène ou métropolitaine, qu'il soit enfant du pays ou étranger à la région à laquelle il s'attache, existe bel et bien. Ce n'est pas un personnage fictif. Et notre fierté, nous blédards, c'est de présenter, au-dessus des individus et des cas d'espèce, suffisamment de traits communs pour caractériser ce personnage.

Nous avons eu nos pionniers, nous sommes héritiers d'un passé que les montagnards n'oublient pas et qu'ils nous rappellent avec beaucoup de finesse lorsqu'ils constatent que nous nous en écartons.

Certaine région de Kabylie eut des écoles primaires dès que les lois scolaires de la Troisième République furent appliquées. Les premiers maîtres furent des apôtres, tout le monde le sait. Sauf, peut-être, les populations qui les reçurent. A l'époque, la vie du bled était très difficile. Il fallait vaincre l'hostilité des gens et surmonter d'innombrables difficultés matérielles dont on commence maintenant à perdre le souvenir. Les premiers instituteurs fabriquèrent de la bonne terre dans leur jardin et, dans leur classe, ils cultivèrent les petits esprits éveillés mais absolument sauvages. Entre ces deux tâches essentielles, il y en eut d'accessoires qui se multiplièrent à l'infini. Il fallut soigner les malades, écrire et lire des lettres, dresser des actes, donner des conseils, arbitrer des conflits, intervenir, aider, secourir. Pour finalement mériter ce titre de cheikh qui est, dans l'esprit de

tous, un titre de noblesse. Non de vaine supériorité mais
tout d'obligations impérieuses : le seul hommage que l'igno-
rance puisse rendre à la science. Le cheikh est un homme
instruit, il ne saurait ni mentir, ni tromper. Ce que l'on exige
de lui, il n'a aucun mérite à le donner. Nos anciens réussirent
ce prodige de faire de l'école du village un haut lieu où l'on
envoie les enfants pour qu'ils deviennent meilleurs, le
temple d'une religion nouvelle qui n'exclut pas l'ancienne,
car elle s'adresse au cœur et à la raison, se sert du langage
humain et enseigne la vérité humaine. Ainsi, chez nous,
ceux qui ont connu ces vieux maîtres ne disent pas qu'ils
furent des apôtres et des saints. Ils disent que ce furent
d'honnêtes gens, toujours prêts à rendre service, des savants
qui avaient bien vite gagné l'admiration, l'estime et le respect.
Très souvent ils ajoutent : « Que Dieu leur réserve une
place au paradis ». Ce qui est touchant, malgré tout, car,
cette place au paradis, le Kabyle la souhaite rarement à qui

ne la mérite pas. Surtout lorsqu'il s'agit d'un roumi. Or,
fréquemment, c'est ce qui arrive. Et le souhait est venu du
fond du cœur !

Si l'on s'avisait de donner un nom à chacune des
écoles de Kabylie et si l'on consultait chaque fois les gens
du village pour choisir, parmi tous les maîtres qu'ils ont
connus, celui qui mériterait la plaque commémorative, il n'y
aurait, nulle part, aucune hésitation : un seul nom sortirait
de toutes les bouches. Ce ne serait pas toujours le nom du
premier en date mais, invariablement, celui du maître qui
a bien rempli sa tâche, formé les meilleurs élèves, planté le
plus d'arbres et qui s'est imposé par sa droiture et sa fermeté.
C'est peut-être là une vérité évidente. Toutefois, le fait de
retrouver partout cette vérité indique que les fellahs
ignorants savaient tout de même apprécier. Cela prouve
surtout qu'il y a eu, au moins, autant d'apôtres que d'écoles.
Et pour nous, leurs successeurs, qui sommes venus à plusieurs décades d'intervalle, ce ne sont pas seulement des
apôtres mais des dieux : les dieux de la maison. Chaque
école a le sien. Nous le sentons qui veille avec nous, qui
nous encourage, nous épie et se fâche quelquefois.

Certes, nous comprenons ses reproches. Notre existence est plus facile. Nous récoltons les fruits de son travail :
ceux du jardin qu'il a créé et que bien souvent nous délais-
sons comme ceux de sa classe méthodique, disciplinée et
sévère qui lui a valu cette réputation d'austérité quasi sacer-
dotale. Eh bien, oui, nous vivons avec notre époque. Les
vieux parents se scandalisent parfois de constater que nous
inspirons si peu de crainte à leurs petits-enfants. Les
écoliers du bled sont de vulgaires écoliers. Ils n'ont rien de
particulier. Nos programmes sont ceux de toutes les classes
primaires, nous préparons le même certificat, le même
concours des bourses, le même examen de passage. La
fusion a été réalisée. Il ne subsiste qu'une classe spéciale
de tout-petits qui ne savent rien. C'est la classe d'initiation.
Classe difficile et passionnante où l'on doit apprendre à
parler. C'est là que triomphe la bonne vieille méthode de
langage : la méthode directe, concrète et active, minutieu-

sement élaborée et enseignée à Bouzaréa. Nos grands
élèves ont leur journal de classe, parfois un journal ronéotypé
ou même imprimé. Ils correspondent avec des écoliers de
France, y mettent beaucoup d'ardeur et y trouvent bien du
plaisir. Ils animent des coopératives scolaires, travaillent le
jardin par équipes, organisent des jeux et constituent une
bibliothèque.

Tout cela donne une allure nouvelle à l'école du bled
qui rajeunit en quelque sorte au lieu de vieillir. Elle n'est
peut-être plus un temple de sagesse, mais elle est certaine-
ment une ruche active qui déborde joyeusement aux alen-
tours, se mêle davantage à la vie du paysan amusé et ravi.
Car ce paysan est un ancien élève qui aime toujours son
école et respecte la mémoire de son maître.

Les instituteurs du bled n'ont rien de particulier.
Tout comme leurs élèves. Mais ils vivent dans des condi-
tions particulières. Et alors, ils s'adaptent. Le bled, pour
ainsi dire, leur donne un cachet ; souvent il les marque
pour toujours. Ils ne s'en plaignent pas, même lorsqu'ils sont
devenus citadins. Bien entendu, d'habitude, nous ne trouvons pas tout le confort désirable. Il existe encore des
écoles déshéritées sans eau et sans électricité. Il y a des
écoles délabrées et éloignées des centres. On ne trouve
jamais grand'chose sur place ; il faut aller se ravitailler au
marché ou en ville. Il faut se déplacer pour voir le médecin,
le pharmacien, l'inspecteur, le hakem. Cependant, de nombreux postes ont maintenant la route et certains maîtres
des voitures. Notre isolement n'a plus rien d'effrayant. Des
camions, des taxis et même des autobus grimpent hardiment
sur les crêtes, s'arrêtent près de l'école (à quelques mètres
ou quelques kilomètres suivant le cas). Ce ruban, tour à tour
poudreux et boueux, étroit, mangé de broussaille, jamais
bien entretenu, est pourtant un lien suffisant, le lien tangible
qui unit au monde, rend possibles les améliorations et sensés
tous les espoirs.

C'est qu'il existe effectivement de belles écoles en
Kabylie ! Des écoles somptueuses, toutes neuves, bien meu-
blées, ayant eau, courant, garage, dans des villages qui,

135

eux-mêmes, prennent de l'allure. Lorsque cela se trouve, le blédard s'adapte au confort et y prend goût.

Néanmoins sa tâche est toujours la même. Aux yeux de la population il représente le guide éclairé qui n'a rien de commun avec d'autres fonctionnaires. Il a sa place à part. La plus enviable, peut-être. Il sent nettement qu'il doit rester entier, qu'il ne lui est plus permis de s'évader de son rôle, qu'à tout moment, en toute circonstance, son comportement devra être tel que le commande ce rôle. Est-ce notre faute, dès lors, si cette habitude de servir d'exemple, de décider, de trancher sans hésitation nous déforme un peu à la longue ? L'instituteur du bled n'a pas à être un sceptique, il lui faut de l'assurance et de la foi. S'il se donne de l'importance, c'est qu'il en a bien au village. Il a toute celle d'un missionnaire. Voilà pourquoi on l'appelle « cheikh ».

On dit souvent qu'il faut aimer son métier. C'est peut-être là une nécessité plus qu'un devoir. La meilleure précaution, ajoute-t-on, est de bien choisir au préalable, de se sentir attiré par ce métier. Et si on l'aime d'avance on a toutes les chances de ne pas en être déçu par la suite. Mais il arrive fréquemment aussi que l'on se mette à l'aimer malgré soi, parce qu'il révèle tout d'un coup des attraits insoupçonnés. Ces attraits existent toujours. Il s'agit simplement de les apercevoir. Et pour cela, il faut se donner entièrement à sa profession. L'instituteur du bled ne se donne pas. Il est pris. Il lui faut être tout le temps instituteur ou s'en aller. Et tel, qui était venu sans enthousiasme, est devenu très vite un modèle. Il goûte les joies du bon ouvrier, il comprend qu'il est utile, il s'attache à ses enfants et n'est plus pressé de partir.

TABLE DES MATIÈRES

IMPRIMERIE AUBIN À LIGUGÉ (6-86)
D.L. 1er TRIM. 1968. No 2120-8 (L 21647)

Ahmed Sefriou, *La boîte à merveilles*
Le chapelet d'ambre
Ramon Sender, *Le roi et la reine*
Livia di Stefani, *La vigne aux raisins noirs*
Marie Susini, *Plein soleil*
La fiera — *Corvara*
Stratis Tsirkas, *Cités à la dérive*
L'homme du Nil
Printemps perdu
José-Luis de Vilallonga, *Les gens de bien*
Les ramblas finissent à la mer